本書のテキストデータを提供いたします

本書をご購入いただいた方のうち，視覚障害などの理由で書字へのアクセスが困難な方に，本書のテキストデータを提供いたします（図書館等での貸出の場合を除く）。ご希望の方は，書名・名前・ご住所・電話番号を明記のうえ，200円切手を同封し，下記までお送りください。
なお第三者への貸与，送信，ネット上での公開などは著作権法で禁止されておりますので，ご注意ください。

〒113-0033　東京都文京区本郷2-27-16
大月書店編集部　テキストデータ送付係

いのちを選ばないで

やまゆり園事件が問う
優生思想と人権

藤井克徳・池上洋通
石川満・井上英夫 編

大月書店

序文 ――やまゆり園事件再検証の深い意味

柳田邦男

私たちは自分自身の「内なる偏見・差別の意識」に目を向けることを、無意識のうちに避ける傾向が強い。なぜでしょうか。

その問いは、なぜ今、相模原市の障害者入所施設「津久井やまゆり園」で起きた障害者殺傷事件（死者一九名、負傷者二七名）の意味を問うのかという問題を考えるうえで、とても大事な視点だと思います。

何か大きな事件が発生すると、メディアは連日大きなスペースを割いて報道します。被害の深刻さや社会に与えた影響について伝えるとともに、事件が犯罪である場合には、容疑者の人物像や犯行の動機、その背景にある問題などについて取材した結果を詳しく伝えます。それはそれで、事件の持つ意味や教訓を考えるうえでの一次情報として重要です。

しかし、事件に内包される、時代を超えた普遍性のある教訓を読み取るには、時間をかけた調査・研究によって新しい事実を捉えたり、精神分析的なアプローチで容疑者の人間像をより深く捉えたりする必要があります。

事件には、その事件に特有の個別性の強い特質と、時代や地域の事情を超えた普遍性のある意味や教訓の、二つの側面があります。後者の普遍性のある意味や教訓をしっかりと把握することがとくに重要なのですが、そのためには時間がかかるのです。

ちなみに、ナチス・ドイツによる障害者二〇万人殺害やそれに続くユダヤ人六〇〇万人の大量虐殺（ホロコースト）は、ヒトラーという特異な人格の権力者と取り巻きのナチズム信奉者によって進められたのかというと、そうではない重要な側面があったことが、戦後、専門家による長期にわたる調査・研究で明らかにされました。その成果をまとめた専門的著書のいくつかは、日本でも九〇年代以降、翻訳出版されました。

明らかにされた数々の事実の中で、私がとくに衝撃を受けたのは、ひとつは優生思想やその延長線上で実践されたジェノサイド（集団抹殺）の思想が、ドイツの一般国民の中で幅広く支持され、積極的な協力者が多かったという事実です。もうひとつは、強制収容所で障害者やユダヤ人を容赦なく殺していた医師や軍人たちは、人格異常者でなく、家庭では「よきパパだった」という事実でした。それはドイツ人だけの問題ではないでしょう。

このような人間の心の深いところに潜む矛盾に満ちた危うい側面は、私たちにも問われる重要な歴史的教訓であり、普遍性のある教訓だと言えるでしょう。戦争の時代の事件であれ、現代の身近な事件であれ、事件の本質を捉え、根源的な教訓を読み取るには、そういう視点を持つことが求められるのです。

翻って現代の日本を見ると、旧優生保護法が九〇年代まで温存されたこと、出生前診断による中絶が最近多くなっていること、障害者の権利条約を真に生かす政策が遅れていることなどの状況があるなかで、やまゆり園事件が起きました。この衝撃的な事件から三年が過ぎた今、この事件の深い意味と教訓を読み取る必要性は、いよいよ強いと言わなければなりません。事件の関係者や専門家が、事件直後に急いでまとめた『生きたかった——相模原障害者殺傷事件が問いかけるもの』（二〇一六年）の報告に対し、今回一段と深い分析と考察によって、本書『いのちを選ばないで』が編まれた意義は大きいと、私は受けとめています。

いのちを選ばないで　目次

序文　やまゆり園事件再検証の深い意味……柳田邦男　3

序章　津久井やまゆり園事件――その本質と背景……池上洋通　11

1　「事件」を考えるものさしとしての日本国憲法の理念　12
2　「優生思想」についての典型的な実例　14
3　戦前・戦後の「優生法」とその施行結果　16
4　優生思想の普及と強制に学校教育を動員した事実　18
5　日本における格差・差別の歴史的性格　19
6　新たな格差の形成と、それを拡大する政治の展開　22
7　転換のためのとりあえずの提言　24

第1章　私たちのやまゆり園事件――考え、語り続けること

1　事件の振り返り、そして未来へ……尾野剛志　28
2　家族から見た津久井やまゆり園での暮らし……平野泰史　31

3　社会福祉・公務労働者、住民として見た事件……太田　顕　35
はじめに　35
1　津久井やまゆり園の沿革――「県立県営」から「県立民営」へ　36
2　施設における公務労働者のありかた――利用者のＱＯＬと職員の労働条件は車の両輪　37
3　利用者・家族・仲間に学ぶ――差別する己の心を不断に撃ちつつ　38
4　忘れない、風化させない、後世に伝える――「共に生きる社会を考える会」の活動　39
おわりに　41
4　私たちの津久井やまゆり園２０１９――現場からのレポート「再生と共生」……入倉かおる　43
5　行政の受けとめ方とその後――長くて短い三年……井上従子　46
6　神奈川県検証委員会による検証とその後――事件が問いかけるもの……石渡和実　50
はじめに　50
1　検証委員会の経過　51
2　事件から問われる課題　52
3　津久井やまゆり園の再建と「意思決定支援チーム」　53
おわりに　55
7　障害の重い人の暮らしのありかたと支援の本質……佐久間修　57

1　県の検証結果に対する違和感　57
2　やまゆり園における身体拘束の実態　58
3　利用者Mさんの回復する姿　60
4　「能力存在推定」に基づく自己決定のすじ道　63
5　「地域か施設か」ではなく、生活の質をこそ　65

8　やまゆり園事件とメディア――ジャーナリストの立場から……宮城良平　69

9　「魂の嘔吐感」とどう向き合うか――植松聖被告と面会して……福島　智　73
1　面会に至るまで　73
2　『アルジャーノンに花束を』が「人生でベスト3」　74
3　仮面の裏　76
4　形容しがたい不快さ　78

第2章　事件の背景と要因――日本の社会保障・社会福祉と人権保障の貧困

1　優生思想の現代――やまゆり園事件と強制不妊・出生前診断……利光恵子　82
はじめに　82
1　優生思想（優生学）とは何か、何をなしたのか　84
2　優生保護法のもとでの強制的な不妊手術　86

3 〝強制〟の実相 88
4 日本における優生政策の歴史的経緯 89
5 網羅的な遺伝学的検査の時代に――新型出生前検査をめぐって 93
おわりに 94

2 精神科医よ、診察室の外にも目を向けよ……香山リカ 97
1 容疑者の精神状態と事件との関連について 97
2 容疑者はなぜ差別・優生思想にとりつかれたのか 100
3 医学における優生思想と、それに対する反省 103

3 社会福祉施設における労働・生活権保障の現状と課題……鈴木 静 107
1 事件が社会に問いかけること――福祉施設における労働に焦点をあてて 107
2 津久井やまゆり園と被告人男性の働き方 108
3 全国の福祉施設で起こりうる可能性 110
4 指定管理者制度をめぐる課題 111
5 これからの福祉労働のありかた――ＩＬＯ看護職員条約を参考に 112
おわりに 113

4 障がいのある人と家族の人権保障の現状と課題……矢嶋里絵 115
はじめに――知的障がいのある人と家族の人権 115

1 関係法における「知的障害者」と「家族」の位置づけ 116
2 津久井やまゆり園事件が問いかけるもの 117

5 国と地方自治体は障害のある人のいのちと暮らしを守れるか……石川 満 124
1 指定管理者制度と社会福祉法人制度の課題 124
2 「障害者に関する世論調査」について 132
3 あらためて国・地方自治体のありかたを問う 134

6 人権主体性と津久井やまゆり園事件──憲法の視点から……井口秀作 138

第3章 事件を受けとめ、どのような社会をめざすのか

1 障害者政策の歴史と現状からみたやまゆり園事件──事件の特異性と普遍性……藤井克徳 142
1 勾留後に思いついた「心失者」 142
2 問われる背景要因 144
3 事件の特異性と普遍性 147
4 大きく異なる事件との向き合い方 149
5 障害者権利条約で新たな社会を 152
〈コラム〉不妊手術を強いられた障害者の家族として 佐藤路子 155
〝不良な国民〟と〝優良な国民〟の狭間で 藤木和子 157

2　人権をかかげよう――人間として生きる……井上英夫　160
はじめに　160
1　施設を「人権の砦」に、職員を「人権のにない手」に　161
2　植松氏の「考え」と人物像　162
3　人間の尊厳の理念、自己決定・選択の自由、平等の原理　166
4　本人の人権、家族の人権、働くものの人権、地域住民の人権　168
5　人権保障における国・政府の責任　171
おわりに　174
〈コラム〉胸を張るとき、差別が逃げてゆく　林力　176
いのちの選別を許すな　徳田靖之　180
第4章　〈座談会〉やまゆり園事件を生んだ現代社会と、めざすべき社会……183
執筆者一覧　206

［付記］本書では「障害者」「障がい者」「障害のある人」などの呼称が用いられている。国際条約等では、人権保障の発展に伴い、障害者（Disabled Persons）から障害のある人（Persons with Disabilities）が使用されるようになっている。さらに「障害」ではなく、固有のニーズのある人（Persons with Specific Needs）という呼称も提起されているが、本書では統一せずに執筆者の思いや考えに委ねた。人権保障にふさわしい呼称について議論が広がることを期待するものである。

事件の被告人の呼び方についても同様に統一していないが、裁判において有罪を宣告されるまでは「無実の推定」が適用されるので犯罪者としては扱われないという大原則に配慮し議論すべきである。（編者）

序章　津久井やまゆり園事件
――その本質と背景

池上洋通（NPO法人多摩住民自治研究所理事、日野市障害者関係団体連絡協議会監査）

「津久井やまゆり園事件」（以下「事件」）から三年余が過ぎ、来年（二〇二〇年）一月から横浜地方裁判所において裁判員裁判として公判が始まり、三月には判決が出されるといいます。この時点で、あらためて「事件」の本質や背景について考えることは、この国の主権者のひとりとして必要なことであり、やりがいのあることとして挑むことにします。ただし、本書は共編著であり、多くのご寄稿もいただいています。そこで、個々の課題や問題の提起については他の論稿に委ねることにして、次の事項をできる限り簡潔に記すことにします。

①「事件」を考えるものさしとしての日本国憲法の理念
②「事件」の思想的背景である「優生思想」についての典型的な実例
③戦前・戦後の(*)「優生法」とその施行結果
④優生思想の普及と強制に学校教育を動員した事実
⑤日本における格差・差別の歴史的性格
⑥新たな格差の形成と、それを拡大する政治の展開

⑦　差別・格差社会からの根本的転換への道についての提起

＊この論考で用いる「戦前」「戦後」の区分はアジア・太平洋戦争の終戦（一九四五年八月）を画期にしています。

1　「事件」を考えるものさしとしての日本国憲法の理念

まずはじめに、「事件」を考える上での基本的なものさしとして、日本国憲法の基本的理念を書き出し、その内容について確認することにします。

(1)　生まれながらにして持つ基本的人権

憲法第一一条　国民は、すべての基本的人権の享有を妨げられない。この憲法が国民に保障する基本的人権は、侵すことのできない永久の権利として、現在及び将来の国民に与へられる。

この条文でいう「享有」とは「生まれながらにして持つ」ということであり、すべての国民が「生まれながらにして」すべての基本的人権を持っているということです。これは、この後で見る第一三条・第一四条の基本となる原則です。

(2)　個人の尊厳と、「国政の任務」としての各人の「自己実現の権利」の保障

憲法第一三条　すべて国民は、個人として尊重される。生命、自由及び幸福追求に対する国民の権利については、公共の福祉に反しない限り、立法その他の国政の上で、最大の尊重を必要とする。

①個人の尊重・尊厳

国民のすべてを、「人一般」としてではなく「各個人」として尊重する——性別、年齢、その他、各個人の持つあらゆる生存条件の違い（当然のこととして「障害の有無」も）にまったく関係なく、平等な存在として位置づけられるという規定です。

②生命の権利、自由に生きる権利の保障

生命の権利と自由に生きる権利とが保障されなければ、「個人の尊重」という原則の実現があり得ないことは明らかです。それとともに、第九条の「恒久平和の実現」という国家の基本目的との関係を直視しなければなりません。生命の権利も自由の権利もすべて奪い去った悲惨な戦争の経験の上に、日本国憲法の理念が立てられているからです。そして、日本の歴史の中で最大数の障害者を生み出したのもアジア・太平洋戦争でした。

③「自己実現の権利」の保障が国政の最大任務

各個人の尊重の上に、生命と自由の権利を前提とする「幸福追求の権利」とは、各個人の主体的な自己決定による生活の実現（自己実現）にほかなりません。憲法はこのように、各個人の自己実現を権利として規定し、その権利の保障を「国政において最大に尊重されるべきこと」——国政の存在意義としているのです。ここでいう「国政」は、日本国憲法の下における地方自治体政府（都道府県・市町村）を含めたすべての政治を含んでいます。

（3）「法の下の平等」の原則

憲法第一四条　すべて国民は、法の下に平等であつて、人種、信条、性別、社会的身分又は門地により、政治的、経済的又は社会的関係において、差別されない。

2　華族その他の貴族の制度は、これを認めない。
3　栄誉、勲章その他の栄典の授与は、いかなる特権も伴はない。栄典の授与は、現にこれを有し、又は将来これを受ける者の一代に限り、その効力を有する。

第一三条を受けたこの条項は、法の下の平等の原則を規定して、何よりもすべての政府機関や公務員を拘束し、続く第一五条の2項「すべて公務員は、全体の奉仕者であつて、一部の奉仕者ではない。」という規定に直結しています。

第一四条の2項・3項も重要です。2項は、明治憲法下において、個人ではなく「家」に与えられた特権的地位制度と、帝国議会を構成していた貴族院の制度を否定したものです。3項は、栄典の授与は個人に与えるものであり「家」に与えるものではない、というのです。「生まれながら」の地位や権力を否定したこれらの規定は、「遺伝・血統の優先」を基本とする優生思想への批判の糸口になるものだと言ってよいでしょう。

2　「優生思想」についての典型的な実例

日本に優生理論が紹介されたのは一九一〇年代です。一九一六年に内務省に「保健衛生調査会」が設置されますが、優生学の提唱者とされるゴルトン（イギリスの人類学者で、生物学者ダーウィンの従兄弟）の著作がはじめて翻訳されたのもこの年です。その後、優生学に基づく「優生運動」が始められ、民族純化理論や、また婦人運動の「産児制限論」に影響を与え、政府公認の学説として学校教育にも取りこまれて、戦後に至るまで大きな影響を与えていきます。次に、当時の「優生思想」を示した典型的な文章を二つ紹介します。

(1) 戦前のモデル（以下、戦前資料の引用は筆者による現代語訳。見出しも筆者による）

《どんなにみがいても、元からの素質を変えることはできない》

多くの事実を考察する時、われらは、一般環境の生活体に及ぼす影響について、正当なる判定を下すことができる。即ち環境の力によって、遺伝因子の本性を変化させようとしても、それは到底不可能のことであって、環境の力によっては、遺伝因子がいかなる現象型にまで発露するかが決定されるに過ぎないのである。

しかもそのことすらも、本来遺伝因子に内在せる性質に因るものであって、環境の力によって新成されるのではない。「玉磨かざれば光なし」ということわざがあるが、要するに環境の力は磨くことである。磨くことによって、玉は玉の表わし得る範囲において、その美しさを増し、瓦《かわら》は瓦としての光沢を添えることができる。

しかしながら、いかに磨けばとて瓦はしょせん瓦であって、とうてい玉にはなり得ない。個体の生存の上に環境の必要な理由も、種性《しゅしょう》〔もとの素質〕の改善の上に環境の無力な所以《ゆえん》も、これによってはなはだ明瞭である。どうしても内的遺伝が第一義であり、外的遺伝は第二義でなければならない。

（民族衛生学会の学会誌『民族衛生』〔一九三一年創刊〕における、東京帝国大学教授・永井潜の論文）

(2) 戦後のモデル

《人類集団の中の好ましくない遺伝的荷重を減少させる》

○優生対策と保健教育――遺伝病等の予防

わが国は欧米諸国にくらべて、いとこ婚をはじめとする近親婚の率が高く、そのために流死産や劣性遺伝子による疾患の危険が大きく、また、その他の遺伝性の疾患や好ましからざる形質も、環境における電離放射線や突然変異誘起物質の増加、治療技術の進歩によっては、むしろ増加する恐れが少なくない。人類集団の中のこれら好ましからざる遺伝的荷重を減少させるような方策を講ずることは極めて重要である。

したがって、人類の発展に災いするかのごとき悪質遺伝病を事前に防止するために優生保護法の活用による遺伝相談の普及、これにあたるカウンセラーおよびその教育担当者の養成、人類遺伝学の教育研究施設の拡充、保因者発見法と出生前診断法の開発は緊急を要する方策である。（厚生省「人口問題審議会最終答申」一九七一年）

右のように、戦前における遺伝優先の優生学の思想は、戦後にほぼそのまま引き継がれたとみることができます。というより、次にみる二つの法律を比較すると、むしろ戦後において力が拡大されたとみることができます。

3　戦前・戦後の「優生法」とその施行結果

(1)「国民優生法」（一九四〇年制定）

一九四〇年五月に制定された国民優生法は、第一条に次の「目的」を掲げました。

第一条　本法は悪質な遺伝性疾患の素質を有する者の増加を防ぐと共に、健全な素質を有する者の増加を図り、それによって国民素質の向上を期することを目的とする。

このように同法には、悪い遺伝的疾患者の子孫が増えることを阻止するための「断種法」としての性格と、他方では健全な者の子孫を増やすために「中絶を規制」するという、二つの性格がありました。このうち優生手術の対象者は遺伝的疾患者に限定され、法律は「遺伝性精神病」「遺伝性精神薄弱」「強度かつ悪質なる遺伝性病的性格」「強度かつ悪質なる遺伝性身体疾患」「強度なる遺伝性奇形」を指定していました。

(2)「優生保護法」(一九四八年制定)

優生保護法は、日本国憲法が施行された翌年の一九四八年七月に制定されました。その第一条は、法の目的を次のように定めました。

第一条 この法律は、優生上の見地から不良な子孫の出生を防止するとともに、母性の生命健康を保護することを目的とする。

このように「優生上の見地」を基礎にした法律で、その名の通りに「優生思想によって国民を保護する」というものでした。そして「不良な子孫の出生の防止」と「母性の生命健康保護」を基本目的に掲げ、その具体的な手法は、強制的な優生手術(指定された対象疾患は国民優生法よりはるかに多かった)と、自主的な人工妊娠中絶でした。この結果、強制的手術(性器切除などの断種)だけでも約一万六五〇〇人にのぼると言われ、実際にはさらに多くの被害者がいるものと推定されています。戦前の国民優生法による強制的手術の総数が五三八件であったことと比較しても、いかに悲惨な結果を生んだかを見なければなりません。しかも、今日では裁判所の判決も違憲性を認める優生保護法ですが、制定当時の議決は全会派一致でした。被害者への保障はもちろん、優生思想の克服や制度の総点検は、まさに全国民的な課題なのです。

4　優生思想の普及と強制に学校教育を動員した事実

そして、優生思想の普及と手術の強制を正当化するために、学校教育が動員されました。ここでも戦前と戦後の教科書の実例を上げましょう。

(1) 戦前のモデル（中等学校の生物の教科書）（以下、各引用文の見出しは筆者による）

《遺伝性の精神病や精神薄弱などは社会に迷惑をかけ、国家をわずらわせる》

……精神病や精神薄弱などのうちには、明らかに遺伝性で、生れる子に同じような欠陥が現れることのわかっているものがあって、社会に迷惑をかけたり、国家の手数をわずらわしたりしている。このようなわるい性質が子孫に遺伝しないようにすることは、国家として当然考慮すべきことである。これは遺伝性の病気に対する一種の予防法であって、伝染病の予防法などと同じ性質のものと考えてよいのである。

こういう立場から国家は法律を定めて、悪質の遺伝性の病気をもつものの増加を防いでいる。それが国民優生法である。

（『生物5』中等学校教科書株式会社、一九四四年）

(2) 戦後のモデル（高等学校の保健の教科書）

《優生手術を受けてから結婚する》

この優生保護法は結婚を禁止しているのではないから、かりに悪い遺伝性の病気を持っていても結婚はさしつかえない。しかしこのような場合には、不良な子孫が生まれないように優生手術をうけてから結婚しなければならない。
この法律は、社会から悪い遺伝性の病気を持った人の生まれるのを除き、健康で明るい社会をつくるためにたいせつなものである。常習犯罪者や青少年で刑罰を受けるものの約三割、感化院に収容されている不良少年の七割五分、浮浪者やこじき《(原文ママ)》の八割五分は精神病か、精神薄弱者かさもなければ病的性格のものであり、また放火犯人のような凶悪犯罪者には精神病や白痴《(原文ママ)》の者が少なくないことを考えるとき、この法律のたいせつなことがわかるであろう（後略）
（『改訂版　健康と生活』教育図書株式会社、一九七〇年）

戦前・戦後の教科書の実例（いずれも文部省検定済み）からみるなら、日本では「優生思想」はまさに国民が持つべき「最低限の教養」だったということがわかります。

5　日本における格差・差別の歴史的性格

ここで、さらに問題意識の視野を広げて、日本における格差・差別の歴史的な性格を簡潔にみておきます。

(1) 天皇制を頂点にした国家体制と形式的な立憲主義

一八八九年に定められた大日本帝国憲法（明治憲法）は、天皇を頂点とする形式的立憲主義の国家体制を構築しました。

明治憲法からの抜粋（筆者による現代語訳）

第一条 大日本帝国は、万世一系の天皇が統治する。

第三条 天皇は神聖な存在であり、これを侵すことはできない。

第四条 天皇は国の元首であって統治権のすべてを握り、その統治権をこの憲法の条規に依って行使する。

（2）貴族制度と「家」による身分の制定

国家体制の安定をはかるために、旧封建制の支配者である将軍家・大名家などを取り込んだ華族制度を制定しました。公家、維新功労者、旧藩主、特定の神職や仏教宗家・学者文化人などの「家」に対して爵位（公爵・侯爵・伯爵・子爵・男爵）を与えたもので、その数は一〇〇〇家を超えるといわれます。そして明治憲法は、これら華族らによって構成される貴族院を制定し、立法などの政治決定に直接参加できるようにしました。これらのすべてが「家」を基礎単位とする「生まれながら」の身分を制度化した上に立つものであったことに注意しなければなりません。

（3）庶民のあいだの身分格差と新しい階級関係

江戸時代から引き継いだ「生まれながら」の被差別者の存在がありました。江戸時代には、武士階級（ここにも厳格な家柄差別があった）、農民、漁民、商工民などの各階級、そしてその下位に位置づけられた穢多（えた）・非人（ひにん）などの「特殊差別」があり、さらに各種障害者に対する差別がありました。明治政府は一八七一（明治四）年に「賤民解放令」を出して「特殊差別」の人々を解放するとしましたが、その後において現実的な政策はなく、やがて一九二二年創立の水平社運動に代表される「部落解放運動」を引き起こします。

さらに資本主義の進展は、資本家と労働者の階級を形成していきますが、日本の場合、近代の農村において小作農が拡大し、地主・小作人のあいだの差別的関係がつくられました。

(4) 女性差別と「家」制度の確立

これらの格差関係のベースとして「家」制度が確立されました。それは男女差別(女性に対する「良妻賢母」の強要)と、年齢による長幼の序列の厳格な規定によって成り立っていましたが、さらにその家族のうちに障害者が存在すると、「ヤッカイ者」として位置づけられました。しかし、全体として障害者は家族の一員であり、それを否定することは「家」制度に対する否定だとする意見も有力でした。

以上を国家的プランとして展開した結果、国民のあいだにおける強固な差別・格差意識が形成され、無条件で「国家意思による統制」に従う体制を可能にしていったのです。

(5) 植民地支配と他民族への差別

侵略主義・植民地主義による他国地域の占領と他民族支配の結果、朝鮮半島、台湾、満州地域その他の現地における差別的支配とともに、日本国内における他民族差別が公然と進められました。今日の日韓のあいだで生じているトラブル(慰安婦問題、徴用工問題等)の原因が何であるかは、歴史的な事実において明白であると言わなければなりません。そして、ここでとくに確認しておきたいのは、他民族への差別支配の根拠として優生思想が利用され、「生まれながら」の血統の違いが強調されたことです。そしてこれは、いまなお引きずっている感覚・意識とみなければならない現実があります。

6　新たな格差の形成と、それを拡大する政治の展開

冒頭でみたように、日本国憲法の制定によって、当然のように人権社会が実現するはずでした。そして、たしかに戦前とは異なる社会の民主化を実現したと言える事例が数多くあります。しかし同時に、先に検討した優生保護法の制定と展開にみられるように、戦前以上に格差・差別を実体化し拡大させた経験があります。ハンセン病患者問題はその典型的な例です。そして端的に言うならば、障害者の権利をめぐる課題を含めて、各種の格差・差別問題の解決はまさに「道半ば」というべき段階です。

(1) 社会の各分野で進む格差の拡大

ところがいま、人々の努力を根本から妨げる政治が進められています。順不同になりますが、いくつかの調査結果をあげましょう。

①労働現場における非正規労働者の増大と賃金格差の拡大

公務労働も含めて、非正規労働者の拡大は過去最高の比率に達しています。とくに女性労働者の場合、六割以上が非正規雇用というデータもあります。

これを障害者雇用の現場についての最近の調査（東京都障害者生活基礎調査、二〇一九年）でみると次の通りです。

◇就労している率　身体障害者二三・二％、知的障害者二一・九％、精神障害者三一・五％

◇正規雇用の率　身体障害者三三・七％、知的障害者二五・八％、精神障害者二一・〇％

②教育分野における機会均等原則の無視と学歴格差の拡大

最近起きた大学入学時の「英語検定」の問題のように、「身の丈」に合わせて進路を選択すればよいとする「学歴格差当然論」の流れが強まっています。特別支援学校高等部からの障害者の大学進学率を文部科学省のデータでみると、二〇一六年度の卒業生のうちの一・〇％にすぎません。それでも障害者の大学進学者数は増大していると報告されているのです（文部科学省「障害学生の現状」）。

③地域格差の拡大

東京一極集中現象に象徴される地域格差は頂点に達しており、内閣府の「二〇一五年度　県民経済計算」で都道府県別の「人口一人当たりの経済力」をみると、東京都五三七万八〇〇〇円であるのに対して沖縄県二一六万六〇〇〇円であり、その格差は約二・五倍に達しています。

（2）自助・共助・公助路線の強行

この章のはじめにみたように、日本国憲法第一三条はすべての個人の幸福追求の権利（自己実現の権利）の保障を国政のもっとも尊重すべき課題としていますが、現実の政治はそれを投げ捨てています。とくに二〇一二年制定の「社会保障制度改革推進法」は、次の内容を規定することによって憲法原則を放棄しました。

第二条　社会保障制度改革は、次に掲げる事項を基本として行われるものとする。

一　自助、共助及び公助が最も適切に組み合わされるよう留意しつつ、国民が自立した生活を営むことができるよう、家族相互及び国民相互の助け合いの仕組みを通じてその実現を支援していくこと。

ここでいう「自助・共助・公助」とは、まず第一に各個人の責任で自分の権利を実現するようにし、不足しているところを共同的な力で補い、それでも不足するときに公務・公共の力で補うというもので、憲法規定をちょうど逆にしたものです。この路線によって、個々の社会福祉・社会保障・公衆衛生の政策への公費支出が切り下げられ、公務員の削減と施設・業務の民間委託が促進されたことで、年金問題などもあわせて大きな不安が人々を包み込んでいます。こうした不安の拡大が、人々のあいだに「他人のことなど構っていられない」という流れを強め、あらためて優生思想による「弱者の淘汰」を求める格差・差別感覚を生み出しているのだと思います。

さらに付け加えると、二〇一五年九月に軍事出動を可能にする法律が可決され、二一本にのぼる法律からなる「平和安全法制」が施行されています。明らかに違憲の軍事的な（国家による大量殺人を許容する）政治が進行しているのです。「国家や社会にとって有用か無用か」を問う人間観が広かろうとしているのではないか——私は、やまゆり園事件の被告の意識に、こうした現実の政治がそのまま反映しているのではないかと思えるのです。

7　転換のためのとりあえずの提言

私は、前書『生きたかった』で、日本国憲法の原則による基礎的自治体の政治・行政の充実発展に向けたプログラムを持つべきだ、と提言しました。個人の日常生活の場において人権が実現しなければ、憲法第一三条が掲げる「国政」は実現できないからです。そして、私が居住する東京・日野市において、障害当事者と市民の手で「障害者差別解消推進条例」の制定運動が広げられていることを述べました。その後、多くの人々が力を合わせた結果、今年九月の定例市議会において全会一致で可決・成立しました。

この経過で特筆しておきたいことがあります。

まず、障害当事者と市民の共同による「条例をつくる会」が四年余にわたって努力を重ね、三〇回以上にわたって研究・学習の場を設けて条例案を練りあげました。次いで、それに応えた日野市当局が市行政としての条例案をつくるために、条例制定運動のリーダーである四〇歳の車いす生活者を議長にした協議会をつくり、予定を大幅に超える回数の会議を開いて条例案を完成させたことです。

市議会で全会一致の採択がおこなわれた当日、議場には多くの障害者が傍聴に出かけました。議会の配慮で手話通訳が配置された中で、五つの会派のすべてがそれぞれに用意した賛成の演説をおこなうという、市議会史上はじめての光景が実現しました。傍聴者の中には涙ぐむ人もいました。

この活動のベースには、一九七四年に結成された「日野市障害者関係団体連絡協議会」(現在二一団体が加盟)があります。当初からこの活動に参加した私の経験から確実に断言できるのは、「民主主義の力による社会的政策の実現は、住民主体の地域からのプログラムによるほかない」ということです。とくに障害者の政策は、当事者自身の参加がなければ話になりません。

そこで、やまゆり園事件や日野市の経験などから学んだ政策の提言をして、この章を閉じることにします。

① 事実上の「隔離」を目的とした施設政策を転換し、障害者自身が主権者のひとりとして、その地域・自治体で生活できるようにすること。

② そのために、すべての生活的・入居的な福祉施設を基礎的自治体の所管とすること。

③ 大規模施設を改めて、障害者自身が運営に参加できる適切な規模と組織にすること。

④ 施設を離れて一般住宅に居住する場合に、各個人に適切な環境を用意できるように自治体の組織体制を改

めること。

⑤　施設は基本的にすべて正規職員による基本的自治体の直営として、やむなく民間経営とする場合も、職員は全員が正規職員として雇用されるようにし、研修システムを充実すること。

そしてさらにもうひとつ、ふたたび同様の事件が起きることがないようにするために、人権教育の必要性と、その日常的な展開についても触れておかなければなりません。

学校教育では、小学校、中学校、高等学校、大学、すべての分野の専門学校などのいずれにおいても、豊かな方法による人権教育が徹底しておこなわれるべきです。そのためにも、知能検査、学力テストその他の能力検定を最優先する教育システムの全体が再検討されなければなりません。それはスポーツ、文化芸術などの分野においても同様です。この点では、最高裁のハンセン病特別法廷問題において、事件の再発を防止し、偏見・差別をなくすための裁判官の人権教育が実施されたこと、ハンセン病家族訴訟熊本地裁判決が、法務大臣には人権啓発活動の実施義務、文部（科学）大臣には教育等の実施義務をそれぞれ認め、その義務に違反する違法があったと断じていることも参考にされるべきでしょう。

以上、やまゆり園事件で亡くなられた方、怪我をされた方の「願っていたこと」に思いを寄せながら、率直に提言をするものです。この提言の基礎にあるのは、いうまでもなく日本国憲法の規定する平和と人権の原則であり、とりわけ、国民主権とその生活現場的展開としての住民主権による地方自治の確立です。各個人の生命・自由・幸福追求（自己実現）の権利は、地域社会でこそ実現できるのですから。

第1章　私たちのやまゆり園事件——考え、語り続けること

1　事件の振り返り、そして未来へ

尾野剛志（やまゆり園利用者家族、前家族会会長）

　早いもので、あの忌まわしい事件から三年が過ぎてしまった。当時のことを思うと胸が苦しくなってしまう。いまでも当日の凄惨な現場の夢で目が覚めることがある。私でさえそうなのだから、植松被告に無残に殺された利用者さんのご家族は本当につらいだろうと察しがつく。

　その後の神奈川県・かながわ共同会・津久井やまゆり園、家族会（みどり会）の対応も、私たち家族にとっては許しがたい対応であった。それは情報開示を拒んだからである。マスコミ関係者にならわかるが、私たち家族に対しても情報開示を拒んだのだ。息子と同じホームで一緒に生活していた利用者さんの安否を聞いても、「個人情報だから」との名目で、いっさい知らせてもらえなかった。家族に対する最初の「説明会」は事件から一一日目の八月六日だった。家族に対してなぜもっと早く説明できなかったのか。家族の不安を考えなかったのか、いまも疑問に思っている。

　私は事件後四日目からマスコミの方々に実名で取材に応じた。私たち家族は紆余曲折を乗り越え今日に至っている。事件当日、息子の一矢は意識不明で、一時は最悪のことも考えたが、現在は順調に回復し、仮住まいの横浜・芹が谷園舎で穏やかに生活している。

事件から三年を迎えるにあたり、今年（二〇一九年）七月二二日、県・かながわ共同会・相模原市が合同の慰霊式典を執りおこなった。県は事件から四カ月後の一〇月に「かながわ憲章」を作成し、障害福祉に力を入れはじめた。二〇二一年度中には、入所者一三二名が津久井やまゆり園と芹が谷園舎の二カ所に分かれ（津久井に六六名、芹が谷に六六名）、それぞれ運営が再開されることに決まった。家族の中には一部不満を抱く方もいたが、事件当時やまゆり園で生活していた利用者さんは全員が入所できるということで、家族は受け入れざるをえなかった。

この事件は障害のある人たちをはじめ多方面に衝撃を与え、多くの方々が現在も事件の検証や集会、講演、研修会等を開催している。私自身も事件後にいろいろな団体や集会に呼ばれ、講演をするようになった。その中で私に聞かれることは、「なぜ園は情報開示をしないのか」「なぜ匿名報道になったのか」「植松被告はどんな人間だったのか」「今後、園が情報を開示することはあるのか」等、さまざまだ。また、優生思想や優生保護法による不妊手術について、障害者権利条約に対する国の対応について、さらには精神保健福祉法の改正案について、見解を聞かせてほしいとの質問も受けた。私は、今後もいろいろな方との意見交換や、さまざまな場での発言の機会を通じて、「意思疎通のできない人は世の中に必要ない」という植松被告の考えが間違っているということを伝えていかなくてはならないと思っている。生まれたときから、必要とされていない命などない。健常の人も障害のある人も、命の重さは同じなのだから、どんなに障害が重くとも生きる権利があるのだから。

私は講演のたびに、この日本は「差別社会」だと言い続けている。封建時代から続く差別や虐待等が、日本人の心の中に脈々と受け継がれてきたからだ。昭和三〇年ごろまで存在した「座敷牢」、一九四八年に作られた優生保護法、そしてそのもとで障害のある人たちに強制された不妊手術がその例である。優生保護法は一九九六年に母体保護法に改正されるまで続いた。こうした日本の差別社会を少しでも変えていくために、家族として活動していくつもりだ。

いま私たち夫婦は、将来を考え、息子の自立を考えている。私がマスコミ等の取材を受けるなかで映画監督の宍戸大祐さんと知り合い、息子の自立に向けた模索を撮影していただくことになった。ある日、監督が「一矢さん、介護者と自立できると思いますよ。チャレンジしませんか？」と言ってくれた。国の「重度訪問介護」制度のサービスを使えば、健常の人と同じように街でアパート暮らしができると知った。現在この制度を使って自立生活（介護者と二人でのアパート暮らし）をしている人は、東京を中心に全国でも二五名程度だという。東京に暮らす重度知的障害の三人の自立生活を撮ったドキュメンタリー映画「道草」は二〇一九年二月に公開され、全国で上映されている。息子の一矢もそのひとりとして出演させていただいた。

この映画を全国の健常の方々や障害のある人のご家族、関係者に見ていただき、どんなに重い障害があっても、支えてくれる人がいれば健常の方と同じように普通の暮らしができると知っていただきたい。そして、手を貸してくださる人がひとりでも増えることを期待している。それによって日本の「差別社会」を少しでも改善できればという思いでいる。

私たち夫婦が亡くなった後も、息子が介護者と二人で「普通の暮らし」をできるよう、関係する皆さんに協力いただきながら粛々と準備を進めている。今後、やまゆり園の利用者さんたちは再開した津久井あるいは芹が谷の施設に入所することになるが、息子はその前に自立生活に移行できるようにと考えている。

津久井やまゆり園は、重度の知的障害をもつ人たちがいる限り、これからも存続するだろう。職員の皆さんは本当に献身的に利用者さんの支援を心がけているので、家族は安心して委ねられることだろう。

2 家族から見た津久井やまゆり園での暮らし

平野泰史（元やまゆり園利用者家族）

あの日、息子が暮らしていた津久井やまゆり園生活棟西側二階の「すばるホーム」では、一九人の利用者のうち三名が刺殺され、一名が瀕死の重傷を負わされた。発語の有無、重複障害かどうかなども関係のない無差別の殺傷。その場にいた息子は、まさに紙一重で無傷であったわけだが、犯人が去った後の廊下、そこに残された血溜まりを渡って階下の体育館に避難したという。

NHKの制作した「一九のいのち」というウェブサイト(*1)がある。事件で亡くなった一九人の方々の氏名が公表されないことに対して、せめて彼らが生きた証を刻んでおきたいという趣旨で、生前のさまざまなエピソードを集めている。穏やかで純粋な人。明るく世話好き。かわいらしい笑顔。いつも歌を口ずさんでいた、等々。皆さんそれぞれに穏やかで楽しい日々を過ごされていたようすが綴られている。しかし、それらを読むたびに、どうしても拭えない違和感がある。あの方々はそこで本当に快適に、楽しく暮らされていたのだろうか。

私の息子は事件を挟んで都合四年間、津久井やまゆり園で生活していたことになるが、退園する前にその期間の行動記録を取り寄せてみて驚いたことがある。施設では「施設入所支援」として夜間および土日の支援をおこない、それ以外に月曜から金曜の昼間は「生活介護」として日中の支援がおこなわれていたはずだが、それらがほとんど実施されていなかったのだ。たとえば、事件のあった二〇一六年七月は、三週間ほどのあいだに、作業棟で何か作業をしたのは午前中一時間ほどが六回、後はただ車に乗っているだけのドライブか、何もせずにホームにいるだけという状況だった。そして土日は「生活介護」がない上に職員も少なく、せいぜい一時間あまりのドライブか、何もせずにいる状態だった。

保護者が元気ならば連れ出しにも行けるが、そうでなければそのままということになってしまう。施設入所では行動援護などの外部サービスは使えないので、どこかに出かけることもできない。こうしてほとんど閉じ込められたまま、社会との接触もほぼ皆無という状態で、やがて体力も気力も、ものごとへの興味も衰え、ただただ毎日をぼーっと過ごすだけとなってしまう。そういった状態を、施設では「何も問題なく、穏やかに過ごされています」と説明するわけだ。

息子は、そんな状況の施設からなんとか抜けだして、昨年、横浜の同愛会のグループホームに入居した。ただ、その後四カ月ほどして他害などの問題行動が見られたため、現在は同じ法人の施設である「てらん広場」へ移って行動障害を改善し、再度地域生活をするための調整に取り組んでいる。ここは施設とはいっても、あくまで地域移行に向けた準備のための場所であり、すべての利用者を何年か後にかならず外に出すことを実践している。

そこで息子は、朝九時から夕五時まで、寝起きしているのとは別の場所にある作業所で働いており、なんと月に一万円近くの工賃をもらっている。さらに、施設入所ではなくショートステイ扱いなので、外部サービスである行動援護を使い、毎週末、月に四～五回も外出して、動物園、映画、サーカス、食事と、好きなところへ出かけ楽しんでいる。やまゆり園という閉鎖的で外部との接触がきわめて少ない空間にいたときと違い、大いに社会とのつながりを実感できるだろうし、脳も活性化されているのだろう。さまざまなことに意欲も出てきているようだ。

もし彼が、あのままやまゆり園に居続けたならば、いずれ、テレビがついているだけの空間で、死んだような目をして無気力に座ったきりとなってしまっていただろう。他害、自傷、大声を上げる、失禁、排便。そういった行動障害が何年いてもいっこうに改善されない。そういった人たちを更生するまともなプログラムもない。そんな中では、まったく希望といったものがなく、そこにあるのは絶望ばかりでしかない。

おそらく、亡くなった一九人の方々も、施設の中で息子と大差ない生活を強いられていたに違いない。もちろん小さな楽しみもまったくなかったわけではないだろう。ただ、普通の生活に比べればはるかに不自由で、ほとんど社会とのかかわりを断たれたものだった。そして、残された方々も、何十年もそのような生活をした後、名も知れず亡くなっていくことになるだろう。

彼らはもとより匿名性を背負わされているのであって、殺されたから匿名で報道されたわけではない。生きているときからして、その氏名は施設内の識別記号以上の意味を持ってはいなかったのだ。なぜなら、彼らの居場所がこの社会にあったわけではないし、この社会に実質的に所属していなかったからだ。

あの事件でもし息子が殺されていたら、おそらくこのように言われていただろう。「笑顔の素敵な方でした」「動物が大好きで、動物園に行くのを楽しみにしていました」と。イライラして食器を投げつけたり、職員を殴ったり、部屋の壁を剝がしたり、クーラーを破壊したことなど、まったく知らされないだろう。もちろん、多くの時間をホームで何もせずに過ごさざるをえなかったことも。

やまゆり園は、とりあえず津久井と横浜・芹が谷にそれぞれ六六名定員の建物を造ることに落ち着いたようだ。

しかし、閉塞的で障害と真摯に向き合おうとしない、その根本的な体質を改めない限り、何も変わらないだろうし、そこに暮らす人々が本当の意味で社会の一員として充実した人生を送れるかどうかは、はなはだ疑問であると言わざるをえない。

注

＊1　ＮＨＫオンライン「一九のいのち――相模原障害者殺傷事件――」(http://www.nhk.or.jp/d-navi/19inochi/)

3　社会福祉・公務労働者、住民として見た事件

太田　顕（元津久井やまゆり園職員、「共に生きる社会を考える会」共同代表）

はじめに

私は一九六八年に、当時県営だった津久井やまゆり園に入職し、一九八二年には園から徒歩五分のところに居を構えました。定年退職する二〇〇四年まで、県の公務員、そして社会福祉の現場労働者として勤めるとともに、家族ともども地域の住民として生活してきました。

植松被告人もまた幼少のころから同じ千木良《ちぎら》地域で暮らし、地元の公立小中学校で学び、その後やまゆり園に入職しました。具体的な接点はありませんでしたが、被告人と私とは、同じ施設で働いた経験をもつ社会福祉労働者であり、同じ地域の住民であるという二点を共有する者でした。

1　津久井やまゆり園の沿革――「県立県営」から「県立民営」へ

一九六〇年に国は精神薄弱者福祉法を制定しました。当時は重度知的障害者に対する国の対策が皆無に等しく、在宅か精神科入院かの選択肢しかない状況下で、経済的貧困とともに、一家心中・母子心中や子殺しといった悲惨な状況が発生していました。

神奈川県と県議会は、家族・関係者の強い陳情・要望を受け、同法に基づき一九六四年二月、当時の津久井郡相模湖町千木良に更生施設「神奈川県立津久井やまゆり園」を開園しました。開園時、県と住民との約束として、職員として住民を雇用すること、地域の商店を利用すること、赤馬《あこうま》地区に分水することが決められました。以後のやまゆり園の沿革は、大きく三期に分けられます。

第一期　県立県営旧体制（一九六四年―一九九五年）――発足から定着へ

開園当初、津久井やまゆり園には県下全域（箱根・小田原・湘南・横浜・川崎・厚木等）から、重度知的障害の方々が入園しました。開園時の定員一〇〇名（男女各五〇名）は、四年後の一九六八年には二〇〇名（男女各一〇〇名）となりました。新たな入園者には、身体障害や精神障害を有する重複障害者もいて、重度化、最重度化が進みました。県は、全国に先駆けた公立重度障害者入所施設の開園と豪語し、全国から見学者を受け入れました。その後、経年の中で生活環境が「暗い、臭い、窮屈」の３Ｋ施設となり、全面的建て替えの再整備計画が決定されました。

第二期　県立県営新体制（一九九六年―二〇〇四年）――ハード・ソフト両面の生活環境改善によるＱＯＬの向上

再整備工事にともない八八名の利用者が新設の厚木精華園に移り、定員一六〇名の新体制になります。従来に比べ、より対応の困難な強度行動障害や重度自閉症を有する新たな入所者を迎え、改善された生活環境と社会環境（日中活動の場）のもと、ベテラン・中堅・新人職員らによる支援が展開されました。「はじめのいっぽ」（支援者マニュアル）、「ピザの会」（利用者自治会）、第三者評価、職員倫理綱領等の取り組みと試行がなされました。

第三期　県立民営共同会体制（二〇〇五年―二〇一七年四月）――指定管理体制への移行

県は、現場職員や労働組合による県立県営堅持の要求にもかかわらず、強引に指定管理者制度を導入し、やまゆり園がその第一号施設になりました。民間活力の導入と経費節減を目的とする同制度は、発足時の地域との約束を反故にし、地元商店の利用を止め、住民の雇用は減少し、四〇年間築き上げた園と地域の友好関係は希薄化していきました。事件はこうした時期に起こりました。

2　施設における公務労働者のありかた――利用者のＱＯＬと職員の労働条件は車の両輪

一九六八年当時、はじめて社会福祉の現場に入職した私は、数年にして「これが神奈川県の誇る福祉か」と疑問を抱き、愕然とし怒りを覚えました。入職と同時に組合に加入し、神奈川県職員組合傘下の津久井やまゆり園分会員となり、津久井地区労働組合協議会では執行委員として地域の諸要求を行政に要望し、地域の足であるバスの運行についてバス会社への要請等の活動をしてきました。

対象者の幸せを願って力を尽くし、少しでも喜んでいただくことが福祉労働者の責務・使命であって、決して対象者に害をなす者であってはならない。人間らしい暮らし、私生活等が保障されない劣悪な環境（ハード面とソフト面ともに）を改善するためには、業務レベルと労働組合レベルが車の両輪となるような、相互の努力と運動が欠かせません。長年、神奈川県職員労働組合福祉施設協議会として運動を進めてきたハード・ソフト両面の整備事業は、利用者のＱＯＬを飛躍的に向上させたのみならず、そこで働く私たちの職場環境も著しく改善しました。

過去、施設における人的配置の不十分さが利用者の薬漬けや体罰・暴力を引き起こした他施設の事件を例に挙げるまでもなく、利用者の生活・福祉と職員の労働条件は密接不可分の関係にあります。

やまゆり園事件では、三名の職員が負傷しています。これはまさに労働災害ですが、こうした労働災害をつくらず、つくらせない労働組合の存在が重要となっています。労働災害は、個別的問題ではあるものの、すぐれて普遍的なもので、労働組合の根幹にかかわる問題です。

3　利用者・家族・仲間に学ぶ——差別する己の心を不断に撃ちつつ

未熟な私は、日々の支援の中で、利用者とその家族から多くのことを学び、気づかされました。常にどう生きるのかが問われ、「加害者にならない生き方」とは何かと自問自答してきました。

わが子二人の出生のとき、恥ずかしながら五体満足を心ひそかに願っていました。施設労働者として日ごろ、障がいがあろうとなかろうと人は平等で、人としての尊厳を尊重され、幸せになる権利があると言っていたにもかかわらず。優生思想に侵された己の心を隠しながら福祉労働に従事していたことを告白し、過ちをくりかえさないよう、自己変革に日々努めることを己に言い聞かせてきました。

私の考え方と行動は、現場の先輩・同輩そして後輩の仲間とともにつくりあげたものでした。未熟な福祉労働者が、曲がりなりにも「加害者にならない生き方」ができたのは、利用者とその家族から真摯に学び、気づき成長した、仲間の労働者と労働運動の力だと思っています。

利用者は、日本国憲法二五条の生存権はじめ、さまざまな基本的人権を享受する主権者である以上、私たち公務労働者がその保障に全力を捧げることは、憲法九九条（公務員の憲法尊重擁護義務）を引くまでもなく当然の義務です。あわせて、利用者と家族は労働者の一員であり、労働者の子弟でもあることを知るならば、生まれ育った地域、自ら選んだ地域、住み慣れた地域等において共に生きる仲間であり、支え合える仲間と認識すべきではないでしょうか。

4　忘れない、風化させない、後世に伝える――「共に生きる社会を考える会」の活動

やまゆり園は、一九六四年に千木良の地に設置されて以来、地域との共存・共栄をめざしてきました。発足当時の不協和音は日を追うごとに改善し、今日、千木良で暮らす五五歳未満の方々は、幼少時からの風景にやまゆり園が存在し、散歩する利用者の皆さんと出会えばあいさつを交わし、園の行事や地域の行事で交流し、ともに楽しんできました。地域経済の振興のみならず、地域の児童・生徒の育成にも大きく関与して、社会教育の側面において有形・無形の多大な貢献を果たしてきたといえます。

事件の発生に私たち住民は驚愕し、深い悲しみに包まれ、どのように受けとめてよいのかと戸惑うなか、地元住民を中心に集まった人たちが自主的な話し合いを重ね、ゆるやかな市民グループ「共に生きる社会を考える会」（共同代表・宮崎昭子、太田顕）が発足しました。

発足までの話し合いでは、「なぜあのような悲惨な事件がこの地域で起きたのか、その原因は何だろうか」「人を差別する優生思想的な考えは、残念ながら一般社会にも存在し、私たちの心の中にもあるのではないか」「二度とあのような事件を起こさせないためにはどうしたらいいのか」等、根本的な意見や率直な思いを語りあいました。すべての参加者に共有された認識に基づいて、「この事件を忘れない、風化させない、そして後世に伝えること」を誓い、会の理念と活動目標としました。

会は、真の共生社会づくりをめざして、①亡くなった方々を偲《しの》ぶ（月命日の献花）、②想いを引き継ぐ（語り部活動）、③広がりを求めて（行政に対する要請活動）、④忘れない、風化させない、後世に伝える（偲ぶ会活動）を続けています。

事件後の二〇一七年二月に神奈川県は「やまゆり園再生基本構想策定部会」を立ち上げました。私たちは検討を重ね、同年七月に「津久井やまゆり園再生構想」策定への提言（要望）を神奈川県知事に提出しました。ここでは、①利用者の諸要望に応える「多機能な施設」の再建、②「ともに生きる社会かながわ憲章」の具体化として、いつでも犠牲者等の追悼が可能な慰霊碑・追悼碑的施設・設備の設置、③地域社会の振興につながる「再生」と共存——具体的には園発足時の地元との約束の履行に加え、教育・文化スポーツにおける再生施設の提供と災害時の一時避難所の提供——を要望しました。

県は二〇一七年一〇月、事件の風化を防ぐ象徴として、犠牲者一九名を悼《いた》む鎮魂モニュメントの設置を発表、今後整備する方向です。私たちの要望のひとつが実現に向いたと思っています。

おわりに

二〇一七年、第三七回全国中学生人権作文コンテスト神奈川県大会において、相模原市立北相中学校二年（当時）中村涼太郎君の「人の価値」と題する作文が最優秀賞を受賞しました。

動くことはできなくても、心の中では考えているし、感じている。だがそれは周りの人には判断できない。その人が考えている事は本人にしか分からないはずだ。それはやまゆり園の重度の障がいを持った人も同じなのではないだろうか。

だが犯人は、返事をしないという理由で殺していった。

本人にしか分からない事を他人が決めるのはおかしい。障害があるからといって「不幸しか生まない」と言うのもおかしい。

やまゆり園にいろいろな人がいるように、世の中にもいろいろな人がいる。誰にも苦手な事があるし、得意な事がある。「障害者」という区切りではなく、一人の人として見なければならないと思う。

花火大会でにこにこ笑っていた人、歓声を上げていた人、ボーッとしながら見上げていた人。そんな人たちの顔を僕は忘れる事ができない。職員の人と楽しそうに話していた人、支えられながら歩いていた人。みんなに価値がある。人の価値を決められる人は誰もいない。だから僕は、相手の価値を勝手に決めず、相手の価値を互いに尊重しあえる社会であってほしいと思う。

（『第三七回全国中学生人権作文コンテスト　神奈川県大会（相模原地区）入賞作文集』より）

中村君は、この千木良で育ち、やまゆり園とその利用者から多くの学びと気づきを得て書きあげました。私たちの会の中でもこの作文が朗読され、深い感銘と感動を共有しました。このような若者がいることに、日本の将来、とくに社会保障・社会福祉の未来に希望を感じます。

障がいのある人本人や家族、そして住民も含むすべての人の人権が保障されてこその共生社会です。

公務員かつ社会福祉労働者として長年やまゆり園で働き、いまも同地域で暮らす住民として、「共に生きる社会を考える会」の三年間の活動を経て、関係する自治体、施設、地元の自治会等の連携を通じ、やまゆり園の再建とともに、地域から差別をなくす活動に今後も力を尽くしたいと思っています。

4　私たちの津久井やまゆり園２０１９
――現場からのレポート「再生と共生」

入倉かおる（社会福祉法人かながわ共同会・津久井やまゆり園園長）

今年の春も、津久井やまゆり園の桜は見事に咲きました。建物が除却された広大な敷地を包み込むように咲き乱れていました。敷地内に入った職員の多くは、空っぽになった空間の虚しさと、桜の美しさに言葉を失いました。

事件当日、情報をキャッチした職員が次々と駆けつけたとき、すでに警察車両、救急車が複数台到着していました。夜明け前の暗闇の中で、警察車両の赤色灯だけがあたりを照らしていました。警察官や救急隊員が行きかうなか、園職員からの情報の収集、「今日」が始まった利用者への対応、駆けつけてきたご家族や関係機関からの問い合わせ……。冷静に対応策を検討する時間など許されませんでした。

すでに息絶えた方には黒のトリアージ（識別票）がついていました。起きたことの重大さを思い知らされた瞬間でした。素人の私たちは、救急隊からその意味を教わり、後から到着した職員にそっと伝えるのでした。誰もが一度はその場でうろたえ、泣き崩れました。もう私たちにはどうすることもできませんでした。ニュースなどを見て駆けつけてきたご家族に、現場を見ていただくこともできず、状況をお伝えする術もない状況でした。

現実とは思えないその現場で、私たちがおこなったのは負傷した方々への対応でした。救急隊が設営したオレンジ色のテントに園の情報が集められました。園の診療所からカルテを運び、ホワイトボードを持ち込んで、搬送先が決まった方の情報が一目でわかるように書き込みました。危機管理のために作成したBCP(*1)を活用して、ご本人の氏名、生年月日、ご家族の連絡先など求められる情報を提供し、救急車で搬送される方のカルテを救急隊員に渡すと、付き添う職員もいないまま救急車は病院に向かいました。現場に駆けつけた津久井やまゆり園診療所の医師が、その場で傷口を縫合してから搬送された方もいました。

負傷した方が全員退院できたのは、その年の一一月でした。重傷の方も大勢いましたが、全員が戻ってきてくれたことはせめてもの救いであり、あの日、精一杯のことをした証だと思っています。

あの日、被害を免れた方が一〇〇名以上いました。その方々は、いままでの日常がすべて奪われ、混乱の渦に巻き込まれたことは言うまでもありません。この三年のあいだ何度も引っ越しがあり、環境も変わり、ご家族も不安でいっぱい。そのような状況を耐えて今日に至っています。この事件は亡くなられた方、怪我をした方だけでなく、多くの人の人生を狂わせてしまったできごとだったと痛感しています。

神奈川県が策定した「津久井やまゆり園再生基本構想」に基づいて、私たち津久井やまゆり園は、意思決定支援の取り組み、新施設建設に向けた県への情報提供など、再生に向けてさまざまな課題に取り組んでいるところです。意思決定支援については、神奈川県からバックアップをいただきながら、きめ細かい取り組みを進めています。この取り組みは利用者本位の支援にとって欠かせないものです。しかしながら、ご家族が不安になったり、職員の過剰な負担にならないよう配慮していく必要性を感じています。

いま、横浜市港南区芹が谷にある「芹が谷園舎」では、少しずつ落ち着きを取り戻して、笑顔あふれる毎日を送ることができるようになってきています。私たちは、新たに横浜の地でも根を生やしていきたいと願い、近隣の方々との交流を広げているところです。

二〇二一年度中には、千木良と芹が谷の二カ所に新しい施設ができる計画です。事件当日の衝撃から、この三年間走り続けてきた津久井やまゆり園は、これからも走り続けます。この事件を契機に地域生活移行が注目され、施設入所支援が否定されるようになりました。「事件の被告が悪いのではなく、施設が悪い」という意見も聞いています。ですが、私たちは、しっかりと前を向いて、いままでもそうだったように、お一人おひとりの希望、ご家族の思いに寄り添って、新しい津久井やまゆり園を創り上げていきたいと考えています。また、現在ある四カ所のグループホームに加えて、新たなグループホームの建設を計画中であり、積極的に地域生活移行にも取り組んでいきます。

注

＊1　ＢＣＰ（事業継続計画）……災害などが発生して事業継続が危機的状況におちいった際に、できる限り迅速に業務を再開できるように復旧対策の手立てを事前に策定しておく計画。津久井やまゆり園では、利用者個々の情報を記載し活用できるように策定してある。

5 行政の受けとめ方とその後 ――長くて短い三年

井上従子（元神奈川県職員[*1]、社会福祉法人二葉保育園理事長、慶應義塾大学ＳＦＣ研究所上席所員）

津久井やまゆり園事件が起こったあの夏から三年。この三年は、事件を風化させるには十分に長く、事件の教訓を具体化するにはあまりに短かったのではなかろうか。事件直後の県行政の対応については、前作『生きたかった』で取り上げられているので、ここではその後の対応[*2]を中心に取り上げさせていただきたい。

第一は、園の再生・再建である。凄惨な事件の現場となった施設のありかたについては、紆余曲折[*3]はあったが、「津久井やまゆり園再生基本構想」に基づき、利用者本人の意思決定支援をおこないながら、元の地（千木良）で再建される施設、事件後の代替の地（芹が谷）の施設、そして、他施設や地域生活の場としてのグループホームなど、本人の選択を尊重した移行が進められることとなっている。同時に、障害者グループホームに対する県の独自支援（施設整備費補助、支援相談員の人材育成支援等）が新設され、障害者の地域生活移行を広域的に促進する取り組みがおこなわれている。

そして、発生直後の一〇月に、県議会定例会で満場一致で採択された「ともに生きる社会かながわ憲章」に基づく意識改革・県民運動の取り組みである。障害者はもとより、高齢者・子ども・女性・外国籍県民等を含む、あらゆる人々が「誰もがその人らしく暮らすことのできる地域社会」をめざし、県内市町村、団体、企業等との連携・協力を図りながら進められている。とくにネット上で本事件への同調的発言が多く見られたことから、障害者との共通の体験を通じて障害者理解を深めることを重視した体験・参加型イベント、高校における「いのちの授業」、パラスポーツの普及など、さまざまな工夫を凝らしながら、憲章の普及に向けた取り組みが展開されている。

さらに、本事件の大きな教訓(*4)のひとつとして、被支援者の意思決定の問題がある。被告が、言葉を発することのできない人を意思や感情のない存在とみなしていたことが、障害者の意思決定支援の重要性をあらためて喚起させた。事件後、県と園の協力のもとで利用者の意思決定支援に丁寧かつ慎重に取り組まれているだけではなく、わが国全体でも、認知症高齢者なども含めた意思決定支援への注目・注力が進む(*5)一契機となったと思われる。

行政の受けとめとして、国レベルでの対応については、精神保健福祉法改正要綱案（二〇一七年二月閣議決定）中の「二度と同様の事件が発生しないよう」との記述が、措置入院後の対応の不備が事件の原因との認識につながることから、大きな波紋を生じさせたことを特筆すべきであろう。政策に携わる者は、すべからく多義的思考を常とし、一人ひとりの人権を蔑《ないがし》ろにしかねない政策的含意に対する感覚と、政策の先にかけがえのない生身の人間が存在していることへの怖れを忘れてはならないことを、あらためて示す結果となったと言えよう。

このような中、いまふたたび本事件の真の原因を追究していくと、「彼は優生思想を確固たる信念を持って信じていた。（中略）彼が提起した優生思想的な生命観に反対する論理を我々は持ち合わせているのか(*6)」というところに行きつくように思われる。

優生思想との関連では、「ともに生きる社会かながわ憲章」には「私たちは、障がい者の社会への参加を妨げるあらゆる壁、いかなる偏見や差別も排除します」と示されている。憲章採択時に臨場していた者として、「排除します」との表現には、絶望の中でも希望を捨てたくないとの強い思い、意気込みが込められていると理解しているが、三年を経て、そもそも偏見や差別の「排除」は可能なのかを自問している自分に気づく。ネットで検索すると、新型出生前診断の広告が簡単にヒットする現実が目の前にあるなか、診断結果に基づく選択的中絶について「内なる優生思想」が指摘されるが、選択的中絶を「命の選択・選別」と全面否定できる人が、果たしてどれほどいるのだろうか。結局、われわれに求められているのは、優生思想や障害者への差別・偏見を「乗り越えていく」ことなのではなかろうか。

そして、われわれが、潜在も含めた優生思想を乗り越えていくには、真の「共生社会の実現」に向けた不断かつ不屈の取り組みしかないようにも思われる。「共生社会の実現」には、地方はもとより国の取り組み(*7)が必須であることは言うまでもない。われわれが実現をめざしている「共生社会」が、優生思想的な生命観に対抗する論理の確立とその具体化に本当につながるのかも未知数ではあるものの、少なくとも第一の道標として掲げ、わが国全体として本腰を入れた議論と息の長い取り組みが、いま、われわれに課せられているのではなかろうか。

注

＊1　事件当時の神奈川県健康・未病担当局長を経て県を定年退職。事件の対応に直接当たる任にはなかったが、所属学会（日本社会保障法学会）を通じて本書の編者の方々と接点があり執筆依頼を受けた。

＊2　以下、紹介する取り組みの詳細については神奈川県のホームページを参照されたい。また神奈川県では、共生担当の理事および担当セクションを新設し、全庁的な取り組みが進められている。

＊3　地域生活移行の促進を重視すべきこと、収容施設的な閉鎖性は望ましくないことは当然であるが、津久井やまゆり園

ではかかる点について、望ましい方向に向けての取り組みが進められていたと理解している。同時に、障害者グループホーム設置への周辺理解・同意の困難な現実の存在、きわめて重度の障害者の支援等を踏まえると、一律に施設を全面否定することもできないと考える。さらに、今般の事件があらためて浮き彫りにした、地域に開かれた施設運営と防犯の両立という重い課題もある。

＊4　障害者ケアはもとより、高齢者・児童を含めた福祉分野における対人援助職の処遇向上・改善は急務だが、本事件の教訓として主張することは根拠不足と認識している。

＊5　たとえば、日本社会保障法学会第七四回大会（二〇一九年五月）においても、「高齢者の意思決定支援実務とこれから」をテーマにしたシンポジウムが開催されている。

＊6　佐藤優・片山杜秀『平成史』（小学館、二〇一八年）四一一－四一二頁。

＊7　共生社会については、学問的には一九九〇年代から徐々に注目が高まってきたところ、国レベルでは（内閣府における取り組みは別として）地域社会における共生の実現に向けて二〇一二年に障害者自立支援法が障害者総合支援法に改正され、その後「子供・高齢者・障害者など全ての人々が地域、暮らし、生きがいを共に創り、高め合うことができる『地域共生社会』を実現する」（「ニッポン一億総活躍プラン」二〇一六年）との閣議決定がなされ、厚生労働省における検討・議論は「地域共生社会推進検討会中間とりまとめ」（二〇一九年七月）に至っている。しかし、「地域共生社会」は社会全体のあるべき姿を示す高邁な理念として提示されているのに対して、その具体化について、中間とりまとめの内容は従来からの地域福祉論の延長線上に若干の新たなアプローチを加えるにとどまっていると考えられ、理念に相応の骨太・幅広な検討・対応が望まれる。

6 神奈川県検証委員会による検証とその後
——事件が問いかけるもの

石渡和実（東洋英和女学院大学教授、津久井やまゆり園事件神奈川県検証委員会委員長）

はじめに

二〇一六年七月二六日午前二時頃ごろ、相模原市にある津久井やまゆり園で入所者一九人が命を奪われ、二七人が負傷する事件が起こった。二〇一九年七月二五日には、京都アニメーションへの放火で三六人が死亡、三三人が負傷した。ほかにも社会を震撼させる理不尽な事件が続いているが、犯人を非難するだけでは済まされない。「命の尊厳」「人が生きる」ということを、この社会がどう考えるのか、まさに根源的な問いが発せられている。

筆者は、神奈川県が設置した同事件の検証委員会の委員長を務めた。その立場でありながら、報告書には納得できない部分が多く、自責の念を強く抱いている。事件の背景には、障害者否定のみならず、ホームレスや外国籍の人へのヘイトクライム（憎悪犯罪）など、自分とは異なる者を排除しようとする社会病理がある。事件を振り返り、障害者福祉にかかわる者として、いま何を主張し、いかに行動すべきか。あらためて考えてみたい。

1　検証委員会の経過

神奈川県は二〇一六年九月二一日に「津久井やまゆり園事件検証委員会」を設置し、現地調査も含めて、一一月二二日まで七回の検討がおこなわれた。委員の構成は学識経験者（筆者）、弁護士、施設代表、家族会代表、防犯専門家の五名であった。事務局を神奈川県障害福祉課が担当し、津久井やまゆり園を運営する法人（かながわ共同会）の理事長や園長らが六回、神奈川県警察本部課長は五回、被告を措置入院させた相模原市職員も二回出席した。

委員会設置の目的は、①経緯を詳細に追い、事件を防ぐことはできなかったのかについての検証、②再発防止策の検討、という大きく二点であった。行政責任として、この二点の検証が優先されるのは当然である。しかし、「優生思想」をはじめ事件が提起した課題を整理し、その解決策を提示し、確実な取り組みを進めることが行政・関係者に求められたはずである。当初は人権教育のありかたなども検討課題に挙げられていたが、時間の制約もあり、ほとんど議論できなかった。

一一月二五日に報告書(*1)が出されたが、事件を防げなかった原因がどこにあったのかという「悪者探し」に終わった感が強い。「防犯」についても監視カメラの設置など物理的な対応だけが強調されてしまった。「第三者」であるべき検証委員会の役割が果たしきれず、検討すべきはずの課題についてもまったく議論できなかった。大きな悔いだけが残っている。

2　事件から問われる課題

第五回の委員会では、五人の委員が、個人としての「意見書」（非公開）を提出した。筆者は委員会で本来検討すべき課題として、次の五点を主張した。

第一に、「当事者主体の地域生活支援」である。やまゆり園事件に関してくりかえし指摘されたのが「当事者不在」である。検証委員会に出席しているあいだ、筆者も常にこのことを感じずにはいられなかった。親の気持ちや職員の立場についての配慮はなされるが、入所者本人について語られることはほとんどなかった。緊急避難した体育館での暮らしぶりや、どんな思いでいるのかなど、本人の立場からの議論はおこなわれないままだった。「やまゆり園の入所者は障害が重いので意思表明などできない」という姿勢に終始していたと言わざるをえない。「いかに障害が重くとも意思決定支援を！」という、障害者の権利条約一二条を踏まえた検討が、厳しい事件だからこそ求められると、焦りすら感じさせられていた。

第二に、「優生思想の克服」という課題である。「障害者は不幸しか作れない」「安楽死」などと書かれた被告の手紙は、ヒトラーに代表される優生思想を思い起こさせた。過去、「障害者は社会のお荷物」「穀潰し」など、「否定される命」と言われてきた障害者観をいかにしてくつがえすか、一九八一年の国際障害者年以降の取り組みが無に帰した思いであった。また、植松被告の考えに同調する声がネット上などで広まっており、人権教育や市民の意識啓発の重要性を再認識させられた。

第三に、「福祉人材の育成と待遇」である。植松被告が元職員であったことから、現状に不満を抱いていたのではという待遇面の改善、その前提にある人材育成があらためて問題視されることにもなった。

第四は、「被害者の心のケア」である。やまゆり園事件の後、障害がある人々や家族は「いつ自分にも刃が向けられるのか」という危機感を誰もが抱いていたという。さらに、これまで頼りにしていた支援者に恐怖を感ずることにもなった。このような複雑な心理状態へのケアはどうあるべきか。また、やまゆり園の職員だけでなく、障害者支援にかかわるすべての者が大きな痛みを抱くことにもなった事件である。「痛みの共有」や「ケアのありかた」について、地域で真摯に議論することの必要性を痛感させられた。

第五に、「マスコミ報道のありかた」である。匿名報道が大きな注目を浴びたが、名前を出すことが誹謗・中傷につながり二次被害を招くことにもなる。京都アニメーション事件でも、犠牲者の多くの名は伏せられたままである。報道の姿勢が変わりつつあるが、どうあるべきかについては簡単に結論が出る問題ではない。

筆者のこうした意見は、報告書にはまったく反映されなかった。自らの非力さとともに、行政が設置した検証委員会の限界を感じざるをえなかった。障害者権利条約では、「権利の主体である障害者」ということを何よりも強調している。このような人権意識が、行政にも支援者にもまだまだ乏しいのではないだろうか。だからこそ、「当事者主体の地域生活支援」という課題に、やまゆり園の再建とも関連して注目せざるをえなくなる。

3　津久井やまゆり園の再建と「意思決定支援チーム」

神奈川県の黒岩祐治知事は、事件が起こった当日、園に駆けつけ、悲惨な現場や嘆き悲しむ家族を目の当たりにした。それだけに、家族の声をしっかり受けとめ、早々と九月二三日には、六〇〜八〇億円をかけてもやまゆり園を再建するという決断をした。しかし、当事者などから「大規模施設の再建は時代錯誤」といった批判が続出し、翌年一月一〇日、再建に関する公聴会を開いた。その結果、入所施設にも地域生活を支援する機能を併せ持つこと、何より入所者本人の意向を確認して今後の生活を検討していくことの重要性が認識されることになった。

こうした声を受け、神奈川県は二月二七日、神奈川県障害者施策審議会に「津久井やまゆり園再生基本構想策定に関する部会」を設置した。八人の委員が一二回にわたる精力的な検討を重ね、八月三日「報告書（案）」が出され、一〇月に最終報告書(*2)が公開された。八月二三日に開かれたセミナーで、部会長を務めた堀江まゆみ氏（白梅学園大学教授）は次の二点を強調していた。第一に、「当事者不在」という批判を踏まえ、「意思決定支援」の検討に多くの時間を費やした。第二は、意思を尊重するためにも、入所施設というひとつの選択肢だけでなく、グループホームの入居なども含め多様な選択肢を示せるよう努めたという。

県の担当者として「意思決定支援」にかかわっている後藤浩一郎氏は、国のガイドラインとの違いは「意思決定支援チーム」というチームでの検討にあるという(*3)。相談支援専門員がチームのまとめ役となり、本人・家族を中心として、やまゆり園の支援者、市町村と県職員などで構成され、多角的な視点から本人の意思を確認し、その実現に向けて支援を提供していく。

また、こうしたチームの取り組みを第三者の立場から助言する「意思決定支援アドバイザー」が六人位置づけられている。そのひとりである鈴木敏彦氏（和泉短期大学教授）は、意思決定支援のポイントとして三点を強調している(*4)。第一に、「日常の小さな意思決定の積み重ねが、転居等の大きな意思決定の基礎となる」と述べ、「何を食べる、着る」といった日々の経験の蓄積が重要であるという。第二に、本人を中心に、場面に応じてさまざまな支援者が連携する「チーム支援」の重要性である。第三に、「あきらめ・決めつけからの決別」と述べ、「障害が重度だから施設でしか暮らせない」といった発想からは脱却しなければならないことを強調している。

おわりに

障害者権利条約で論議された「意思決定支援」が、津久井やまゆり園事件を機に大きく前へ進みつつある。本人の意思が確認され、グループホームでの生活に移行し生き生きと毎日を送っている元やまゆり園入所者もいる。このように、障害がある人々が地域での生活を実現し、その暮らしぶりに触れることで、市民の意識も変わってくることに期待したい。

二〇一九年七月の参議院選挙で、重度の障害がある二人の議員が誕生した。選挙運動を応援した作家の雨宮処凛氏は、二人が多くの支持を集めたのは、「『生産性のあるなしで命の価値をはかるな』というメッセージ……が心に刺さるから」と述べている。(*5) 優生思想への反論が形になった例とも言えよう。このような「変革の芽」はあちこちに生まれている。事件を「悲劇」に終わらせるのではなく、ここから「あぶりだされた課題」にしっかり目を向け、社会を変えていく努力が市民それぞれに求められる。こうした活動を地域全体で展開することが「優生思想」を打破することにつながり、厳しい状況にある人々との「支え合い」を実現し、真の「共生社会」を構築していくことになるはずである。

注

＊1　津久井やまゆり園事件神川県検証委員会「津久井やまゆり園事件検証報告書」二〇一六年一一月（http://www.pref.kanagawa.jp/uploaded/attachment/853791.pdf）。

＊2　「津久井やまゆり園再生基本構想」神奈川県、二〇一七年一〇月（http://www.pref.kanagawa.jp/gikai/p1077751.html）。

＊3　後藤浩一郎「津久井やまゆり園利用者の意思決定支援の取り組み」（『二〇一八年度日本社会事業大学専門職大学院福祉実践フォーラム資料集　「意思決定支援」の最前線―現状と未来』二〇一八年一〇月）一二―一七頁。

＊4　鈴木敏彦「津久井やまゆり園における意思決定支援のいま」（『手をつなぐ』二〇一八年七月号）二六―二九頁。

＊5　森本美紀「障害者と政治　れいわ議員誕生から（上）発想と行動力、揺さぶられた」朝日新聞、二〇一九年九月四日。

7　障害の重い人の暮らしのありかたと支援の本質

佐久間修（施設職員）

筆者は、障害者入所施設・通所施設で重度障害者（行動障害・触法ケース）の支援に長年にわたり携わっている。そうした立場から、今回の事件の背景を分析し、障害の重い人の暮らしのありかたと支援の本質を語りたい。

1　県の検証結果に対する違和感

二〇一七年一月一〇日、神奈川県は津久井やまゆり園の再生について、障害者団体の代表や有識者の出席のもとで公聴会を開いた。その中で、出席者から「かながわ共同会と津久井やまゆり園は、現時点では被害者の立場に置かれている。しかし、その背景が明らかになっていくことによって、加害者の立場に逆転するかもしれない」という旨の発言が相次いだ。そのような発言の裏には、県当局が事務局を担った事件検証委員会の報告書への不信感があったからにほかならない。

犯行の半年足らず前まで、植松被告人は常勤の職員として、この犯行現場で支援の仕事に携わっていた。彼がのちに殺傷する利用者たちとも同じ時空間で言葉を交わし、おそらくは冗談も言い、食事、排泄、入浴といった命をつなぐ大切な営みをおこなっていたのである。それが一転してあのような悪夢に至るのだが、殺傷という行為と、命をつなぐ介護の営みはどのように結びついたのか。被告人は、どのような体験から重度障害者を「心失者」とみなす着想を得、実際に殺傷に至るまでの確信を抱いたのか。そこに施設での労働（体験）との関係があったのか、彼の障害者観が変質したのはいつごろからか等々、疑問は尽きない。

しかし、報告書はこうした肝心の疑問に言及しなかった。それだけでなく、事件から三年過ぎたいまもなお、神奈川県当局と社会福祉法人かながわ共同会は、なぜ真の検証に向きあおうとしないのか。このままでは誠実さが問われるだけではなく、思考停止状態にあると言われても仕方がないのではなかろうか。

このようなことを念頭に、ＴＶなどで報道された情報をもとに、津久井やまゆり園の支援の特徴を概観し、障害の重い人の暮らしのありかたと支援の本質を探ってみたい。

２　やまゆり園における身体拘束の実態

事件後のメディアの報道や論評には、二つの相反する論調が常にあった。ひとつは、やまゆり園やそれに類する入所施設での暮らしを、重度障害者にとっての楽園のように描くものである。その一方で、障害当事者や障害者団体からは、大規模施設でなく地域での暮らしこそが本来めざすべき姿であると語られた。しかしその論も、「地域」をあたかも楽園のように語り、抽象論の域を出ないように感じられた。

二〇一八年六月六日放送のＮＨＫおはよう日本「〝地域での暮らし〟を目指して」、同年七月二一日放送のＮＨ

Kスペシャル「〝ともに、生きる〟～障害者殺傷事件　二年の記録」、そして二〇一九年六月一二日のNHKおはよう日本「津久井やまゆり園から地域へ　ある女性の挑戦」と、入所者のその後を追った三つの番組が放映された。その中で、事件当時やまゆり園で暮らしていた女性利用者Mさん、男性利用者Hさんの姿の変化を目の当りにした私は、施設か地域かの二者択一ではなく、もっとも問われるべきはひとりの人間の捉え方であることをあらためて確信した。三つの番組は、やまゆり園での暮らし・支援とは何だったかを考えさせる報道であった。

やまゆり園に入所していたころ、歩けるにもかかわらず、車いすにY字拘束されていたというMさん。番組の中では、拘束は長い日には一二時間に及んだと紹介され、そのことを記した支援記録も映されていたので、拘束自体は事実とみてよかろう。記録には「見守りが困難な為」とあり、国の定める身体拘束三原則（切迫性・非代替性・一時性）を満たしていなかった可能性が高い。もしそうならば「虐待」ということになる。また、番組内では言及されていなかったが、Mさんと一緒の写真に写っている他の利用者も、車いすに拘束されていたように見えた。身体拘束は日常的におこなわれていたものと推察される。

やまゆり園を運営する社会福祉法人かながわ共同会は、二〇一九年三月策定の「第五期中期計画」の中で、重点施策として「身体拘束ゼロに向けた取り組みの推進」を一番目の柱に掲げている。そして、この計画を実現するための二〇一九年度事業計画の中には、次のように具体的に書かれている。

4　法人事務局・各個の施策（法人三大プロジェクトに記載した施策を除く。）

（1）法人事務局・統括管理室

イ　重点施策

［柱1］利用者本位の支援
①身体拘束ゼロに向けた取組みの推進
法人施設の利用者一人ひとりの身体拘束の状況を時系列に把握するシステムを検討し、全園において利用者本位のより質の高い支援と身体拘束ゼロを目指す。

（「平成三一（二〇一九）年度事業計画について」同会ホームページより）


「利用者本位の質の高い支援」という高尚な目標を掲げつつ、実態としては身体拘束が存在することを認めている。この乖離に、事件の背景要因への反省はみられない。

3　利用者Mさんの回復する姿

植松被告人は、雑誌『創』に寄せた手記の中で、やまゆり園の実情ともとれるようすをポエム風の文章で描いた。以下に引用する。


「もう大丈夫ですよ。今までご苦労様でした。後は私達にまかせてください」

「本当に有難うございます…宜しく御願いします…」

八秒間、深々と頭を下げていたが、その後はやたら饒舌で、いつの間にかお客様のような注文をしている。帰る時には目を細めた暖かいまなざしで別れを惜しむが、その足どりは軽やかだった。

「ここで何をするの？」

「……」

「ここで何をするの？」

「……」

「ここで何をするの？」

「何もしないよ」

「何も？」

「そう、この車椅子に縛られるだけ」

普通の車椅子とは少し違うように見える。全体がリクライニングして横にもなれるよう大きい。

「食事は？」

「流動食で噛む必要もないから、口空けてー」

急に態度が変わった。声の色、表情も無機質になったし、こんなもの食べられたものではない。が、口を閉じるとスポイトでねじ込まれた。水分もゼリーに変えられている。

「トイレは？」

「オムツの中にパッドを三枚、上手に巻けばしばらく平気だよ」

廊下を歩いている人が道しるべのようにウンコを漏らしている。（後略）

（『創』二〇一八年七月号、九一ページ）

この描写と、ＮＨＫで放映されたＭさんの生活とが重なって見えるのは、私だけだろうか。

Mさんはなぜ、あれほど長時間拘束されなければならなかったのか。いったい人生のどれほどの時間、拘束を受けてきたのだろうか。拘束されていたときに何を感じていたのか。そんな思いが込み上げてきた。

さらに想像は広がる。眠るときは拘束を解いていたのだろうか？　そうであれば、Mさんは毎晩「明日も起きたら拘束されるのか……」と思いながら眠りについていたのではないだろうか。拘束から始まる一日を、Mさんも支援者も、どのように考えていたのか。それとも、Mさんは何も感じていないと支援者は捉えていたのだろうか。もし後者であるならば、植松被告人の言った「心失者」とは、むしろMさんに携わる支援者のことだったのではなかろうか。

二〇一八年七月に放映されたNHKスペシャルでは、Mさんが津久井やまゆり園を退所し、別の社会福祉法人の支援のもとで日中活動に参加したり外食に出かけたりするようすが映されていた。気になったのは、Mさんの両手に常同行動（同じ動きをくりかえす行動）があり、自らの手を自らの意思で使いこなせない状態にあったことである。これは、拘束されていたあいだ唯一自由に動く手を擦っていたことと関係しているように思われる。感覚遊び的に始めたことが常同行動につながり、自らの意思でコントロールしがたい状態の手になってしまったのであろう。拘束時に身についてしまった行動が、拘束が解かれた後も残っているのであれば、真に自由になれたとは言えない。

しかし、一〇カ月後の二〇一九年春に放映された「おはよう日本」を見て、Mさんの姿の違いに驚きを覚えた。表情は和らぎ、背筋は伸び、膝が上がるようになっている。以前は歩く際、身体が横ブレしていたのが、体幹がしっかりして安定した歩き方に変わっていた。職員との疎通性も明確になったように感じた。手を器用に使いながら洗濯ばさみで洗濯物を干す姿や、重い荷物を持つ姿もあり、日常の生活の中で失った機能が回復されていっ

表1　能力存在推定と能力不存在推定

	自立型権利擁護	管理型権利擁護	やまゆり元職員
障害者の能力	存在推定	不存在推定	不存在推定
決定形態	自己決定支緩	代行決定	他者決定
利　益	ご本人の主観的利益優先	ご本人の主観的利益と客観的利益が混在	社会的利益（障害者を人間とみない視野狭窄）
価　値	ケア・エンパワー（社会参加）＋（語りを紡ぐ）	ケア（安全重視）＋正義（功利主義）	独断的正義
個人の扱い	主体（相互依存）	客体（保護の対象）	手段（利用価値がなければ抹殺）

（佐藤彰一教授の講演資料より）

たようすが窺える。身体のコントロールが利くようになり、できなくなっていたことができるようになるなかで、Mさん自身も喜びを覚え、意欲的になってきたのだろう。このように考えると、当たり前の（日常の）生活を熟させていくなかに、その人らしさを引き出す源泉が見えてくるように思う。

4　「能力存在推定」に基づく自己決定のすじ道

國學院大學の佐藤彰一教授（法学）は、障害のある人の意思決定と権利擁護において、「能力存在推定／能力不存在推定」という考え方を示している（表1）。

障害者に自己決定能力がない（あるいは十分でない）と周囲が推定する場合、周囲のことはもちろん、自分自身についても適切な判断ができないとみなされ、他の人が本人に代わって判断しなければならないとされる。すなわち他者決定、あるいは代行決定である。

他方、能力が存在すると推定される場合は、知的障害が重くても、重い認知症であっても、その人なりの人生の経緯があり、その人なりの思いや判断がありうると考えられる。この観点に立てば、自分では

表2　支援現場から見た能力存在推定と能力不存在推定

	見立てがある	見立てがない	植松被告
障害者の能力	存在推定	不存在推定	不存在推定
決定形態	自己決定支援	代行決定	他者決定
入所形態	通過型・参加型	終生保護・サービス重視	終生保護
見え方捉え方	困っている人 意欲・意思のある人	問題行動がある人 意欲・意思のない人	人間として見ていない視野狭窄
価　値	ケア・エンパワー(社会参加)＋(語りを紡ぐ)	ケア(安全重視)＋正義(功利主義)	独断的正義
個人の扱い	主体(相互依存)	客体(保護の対象)	手段(利用価値がなければ抹殺)

（佐藤彰一教授の資料を参考に筆者作成）

適切な判断ができないと周囲から見られていた人々も、的確な支援のもとでは、その人なりの決定ができると理解される。

この観点からみると、長時間の拘束を実施していたやまゆり園の職員からの見え方として、Mさんは「問題行動の多い人」「困った人」と映っていたに違いない。何かを促してもうまくできない。その姿を見て、「〝何もできない〟意欲のない人」、さらにはそもそも「〝意思〟のない人」と評価してしまう。そうなると支援者は手がかりを失い、次第に本人を守るため「安全を第一」にすべきと考えてしまうのである。施設運営の側も怪我等のリスクを恐れ、深い考えのないままこの方針に同調してしまう。保護された環境がベストであり、その延長線上に「安全のための拘束はやむを得ない」とする空気が醸成されるであろう。

では、支援者が能力存在推定を基本とした場合はどのようになるのだろう。もっともらしい「安全第一」におちいるのを避けるためには、Mさんの生き難さがどこにあるのかを見立てなければならない。見立てがしっかりしてくると、「問題行動のある人」ではなく「困りごとの多い人」へと捉え方が変化してくる。「困りごとが多い」ということは、そこにニーズや意思の萌芽がたくさん存在するということであり、その「困りごと」を支援者が共に解決しようとすると、今度は新たな意欲が生まれてくるのである。その過程こそ自己決定の積み重ねと言っていいかもしれない。代行決定ではなく、不完全ではあっても自己決定のすじ道が見えてくる。

このような視点が、神奈川県当局、そしてかながわ共同会には存在したであろうか。

5 「地域か施設か」ではなく、生活の質をこそ

入所施設を利用する障害者は、多くの場合、限定された人間関係の中で暮らしてきた方が多く、生活（や人生）が壊されてしまっている場合も少なくない。本人に対して、周囲は能力不存在推定で見ているため、そのことがかえって問題行動を出現させてしまっている。「問題行動の多い、困った人」と捉えられた利用者は、ゆたかな社会経験から遠ざけられてしまう。

入所施設においてこそ、利用者が多くの人たちとかかわれるように、日中などは社会の中で活動する必要がある。たくさんの人とかかわりながら働いたり、余暇を過ごしたりと多様な経験の中で、誰にでも備わる人間本来の力を回復することができる。

筆者はMさんとHさんが一時的に移った施設を訪問した。そこでお話を伺って印象に残ったのは、MさんやHさんなど利用者に対して、最初に、何のために施設を利用するのかについての説明があり、同時に、どのような生活を経て退所に至るのかを、本人との話し合いを通して確認（本人と施設の約束）しあうという。旧来型の入所施設の多くでは、入所時に本人に対して丁寧な説明はしない。家族が本人に黙って連れてくることも少なくない。

入所そのものが目的となり、長期にわたる暮らしの場になってしまうのである。MさんとHさんが事件後に移った施設では、二六年間で二六〇名が地域移行している。二六〇名のうち二五〇名は障害支援区分五ないし六とのことである。入所者の九三％が行動障害をもっている。

「地域」は楽園でも万能でもない。問題はそこでの生活の質である。暮らしの場が地域に移行したとしても、人間関係が狭く貧しいようでは施設暮らしと変わりはしない。むしろ、施設にいたころよりも客観的な目の数と拠りどころ（頼れる人）が減り、虐待が起こる可能性もある。施設よりグループホーム、グループホームより一人暮らしが良いと考えるのは自然だが、ただ地域であれば、小型であればいいというわけではない。大切なのは、施設・グループホームなどの社会資源と、支援にかかわる人たちのベクトルが絶えず地域に向かおうとする姿勢を持ち続けることである。そして利用者と支援者が人と人との関係性の中で発達し、心の成長ができるかかわりと環境が必要なのである。一緒に将来の成長を語り合える地域の仲間たちが必要なのである。

番組の中で、Mさんは新しい施設で支援を受け、独居家庭の玄関先に出されているゴミを回収して安否確認をするという活動に参加していた。「支援される側」から「支援する側」へと回る瞬間であり、地域の課題を他の住民たちと共有することでもある。

地域の環境の中にも、障害者に対する能力不存在推定は蔓延している。障害がある人は何もできない、かわいそうな人と見られがちである。しかし、Mさんはこの活動を担うことを通じて、地域とつながり、地域の中での存在感を得ることができたのではないだろうか。しかも、他の利用者や職員と一緒にそれをおこなえたことが内部の連帯感を増したということだった。このような存在感や連帯感がMさんなりの誇りやプライドにつながっていったに違いない。外からの感想であるが、おそらく忘れていた幸せの感覚がMさんの心に染み込んでいるのではなかろうか。支援者もまた、Mさんとの関係を発展させ、向き合い方に新たな視点が生まれてくるように思う。

障害が重く、意思の表出が困難な人ほど、豊富な生活動作のある生活が大切だ。そして、多様で変化を生む環境の設定も忘れてはならない。しかし、施設の多くは変化を提供することに消極的で、ずっと同じ支援をくりかえす。対象者が自閉症を含む発達障害となるとなおさらである。利用者が環境の変化に弱いことを理由に、問題行動が表面化するまで同じことをくりかえす場合が少なくない。人間の発達や成長の源泉は多様な体験である。障害が重ければ重いほど、ゆたかな体験、すなわち豊富な動作を必要とする。さまざまな動作の積み重ねを経ながら、そのひとつひとつを、この社会の中で意味ある行為へと転換していくのである。このような観点は、障害の重い人の暮らしの場を考えていく上でも欠かせない視点だと思っている。

MさんやHさんはどこで暮らしたいのか。「施設か、地域か」という単純な視点ではないはずだ。自らが望み、自らに合った幸福を追求できる環境での暮らしを営めることが絶対条件である。MさんやHさんに社会が保障すべきなのは、生存権（憲法二五条）のみでなく幸福追求権（憲法一三条）もである。一三条でうたうのは、個人の尊重と公共の福祉のバランスである。やまゆり園の中に憲法一三条はあったのか。「公共の福祉」と言いながら、それは社会・運営者・保護者の利益に過ぎず、障害の重い人たちの幸福追求権を社会全体がどこまで本気で想定していたのだろうか。いや、していなかったのではないだろうか。

TV報道から見えてきた、やまゆり園時代のMさんとHさんの生活は、自分で望み、自分に適合した環境では決してなかったように思う。映像を見る限りMさんに笑顔はみられず、言葉もほとんど出ていなかった。Hさんは他者を寄せつけないほどの厳しさを滲ませていた。対して、新たな施設に移ってからの姿は一変していた。MさんもHさんも笑顔を取り戻し、言葉もたくさん出ていた。それは自らの人生を切り開こうとする姿そのものであり、本人の望みが叶いはじめた姿であろう。さらに付け加えるならば、夢や目標を実感できたときの表情と言っていいかもしれない。重い知的な障害があっても心は存在するし、夢や希望も持てるのである。

やまゆり園での事件は絶対に許されず、二度とくりかえされてはならない。しかし一方で、MさんやHさんの新たな暮らしぶりに象徴されるように、やまゆり園利用者のその後は、私たちの社会に多くの大切なことを提起してくれている。生活環境や経験の大切さ、単なる動作から意味ある行為への変容の意味、夢や目標を持つことができる条件とは何か、などである。これらは、旧来型の入所施設では忘れられているものかもしれない。否、地域生活と言われる形態であっても、容易にさびつきやすいものである。

被告がなぜ犯行に至ったのかなど事件の詳細は、来る裁判での究明に期待したい。その一方で、私たち（現場職員、施設運営者、自治体、さらに国も）が重度障害のある人の心の発達の機会をほとんど保障することなく、その幸福追求権を無視してきたこと、つまり、私たちのネグレクトは、すでにこの事件で明らかになっているといえよう。植松被告はそのような社会を背景とし、隠然たる応援を得たと錯覚し、「義務」を果たしたのである。

植松被告の錯覚に私たちは真摯に向き合うべきだ。私たちに託された宿題、同時代に生きる人たちへの責務は、いま、もう目の前にあるのだ。

8　やまゆり園事件とメディア　——ジャーナリストの立場から

宮城良平（共同通信社会部記者）

暗くて狭い宿直室で、枕元の携帯電話がけたたましく鳴った。二〇一六年七月二六日未明。東京・汐留にある共同通信社で、泊まり勤務の合間に仮眠を取っていた寝ぼけ眼の私に、電話口のデスクが緊張した声で言う。「相模原の障害者施設で事件が起きたらしい。すぐ来てくれ」。隣室の先輩記者を起こし、一〇階の宿直室から一七階の社会部の席へ。テレビが「十数人が刺された」と報じている。急いで各方面に電話取材を始めると、「一九人が心肺停止」という情報が伝わって来た。思わず「本当ですか」と何度も聞き直してしまう。背筋が凍るような、それでいて現実感が持てないような。その事実を速報した後は、ひたすら取材と原稿執筆に追われた。

知的障害者入所施設「津久井やまゆり園」の入所者一九人の死亡が確認され、神奈川県警津久井署に出頭した元職員の青年が逮捕され、障害者排除が動機であることが、その日のうちに次々と判明した。合間に、ある同僚と立ち話をした。「許せないですね」という言葉を口にしたとき、喉の奥がざらつくような感覚、何だか胸がざわめく感じがあったことを覚えている。なんでだろう？　偽りで言ったつもりはない。でも、障害のある人たち、とくに知的な障害のある人たちについて、その暮らしや入所施設について、家族について、いったい自分は何を知っているのか。何も知らないでいて、事件が起きたら「許せない」などと言い、何か気を済ませたようなつもりになっていないか。いまにして思えば、無意識のうちに自らそう問い返して、自分の薄っぺらさを直感していたのかもしれない。

同じ夏にリオデジャネイロ五輪・パラリンピックがあった。東京五輪のプレ五輪と言われ、メダルラッシュにマスメディアは大きく沸いた。人間の能力の限界に挑む盛大な祭典の陰で、事件の報道量も減り、関心は薄れていくようだった。被害者の実名も公表されなかった。私は心の奥に違和感を抱えながらも、何もすることができなかった。他の仕事の都合や私自身の決心の問題もあって、事件について取材を始めたのは発生から半年ほどが経過した冬のことだった。「もう逃げられないな」と思った。

私自身が長くかかわる事件報道の常道から言えば、捜査機関の取材を軸に、被害者・加害者をよく知る人たちを取材することになる。だが、それらはすでに同僚が責任をもって取材を進めていた。私は常道とは違う手法で、つまり事件の被害者や加害者の周辺にいたわけではないけれど、この事件を心底で深刻に受けとめている障害者やその家族、支援者たちの話を聴くことにした。仕方がなくということではなく、あえてという思いが強かった。急速に事件の風化が進むかに見える社会と、身に迫る恐怖や憤りを抱く人たちの「落差」を主題に据えたかった。事件では「犯人を生み出した社会」が問われていると同時に、事件後に「犯人に本気で怒らない／怒れない社会」も透けて見え、そのこともまた問われていると考えたからだ。インターネット上では殺人罪などで起訴された被告に同調する意見も多く書き込まれ、気になっていた。ネットほど露骨ではなくても、また「殺す」ことには反対でも、障害のある人の命と、そうではない人、とくに意思の疎通が難しい人の命を線引きする思考自体は、現に広まってしまっていないだろうか、という疑念も取材を通じて募っていった。その感覚が自分の中にはないと言い切れるだろうか。「許せない」という言葉が上っ面のように感じられた自分を問い直す作業でもあった。

取材を始めてから二年半、たくさんの障害のある人や家族、支援者と出会った。事件後、外出が怖くなる、人とすれ違って身がすくむ感覚があったという身体障害のある人。事件の風化を防ぐためのビラ配りで、ほとんど受け取ってもらえず自分が透明人間のように感じたという、遺伝性の障害のある人。知的障害のある人の自立生活をめざす人たち。時に迷惑がられながらも、エレベーターの設置や街で暮らすための制度をたたかい取ってきた人たち。現に入所施設で重度の心身障害のある実子が暮らす親たち。溢れる言葉で語ってくれた。あまり言葉を持たない人たちと一緒の時間を過ごすことも増えた。最初はインタビューをお願いして出会うのだけれど、皆さんと食事に行ったり、一緒に出かけたりするようにもなった。

日本障害者協議会の藤井克徳代表の導きで、ナチス・ドイツの障害者「安楽死」施設を訪問することもできた。歴史的な軸で障害者排除の問題を考える視座を学んだ。藤井代表がやまゆり園事件の被告と面会した際には同行取材もさせてもらった。障害者殺しの理由を語る被告の饒舌《じょうぜつ》さと、無念のうちに殺害された方々の沈黙。その対比を思った。

やまゆり園の事件をきっかけに、障害のある人たちに不妊手術を強制した旧優生保護法の被害問題の重大性を知り、その取材にものめり込んだ。十数年前の駆け出しの記者のころに取材したハンセン病回復者のおじいさんたちのことを何度も思い出し、考えるようになった。いまは亡き、優生手術の被害者であった彼ら。あの当時、どうして他の被害者まで想像が及ばなかったのだろうと自問した。この社会に、理不尽に深い傷を負わせられながら、声を上げられずにいる人がどれほどたくさんいるのかを、沈黙の意味と重さを、これまでよりも想像するようになった。

障害のある方々と対話させてもらいながら、最近はよく亡き祖母のことを考える。左脚に戦争の時代に負った傷と歩行障害があり、そのことをずっと気に病んで生きた祖母。自分の障害を認めることができず、車いすに乗ることを拒否していたという祖母。幼い私を溺愛し、あれほど優しかったのに、時おり私には理解できない苛立ちを顔に出す瞬間があった。「この脚さえ、こうでなかったら」と。もともと外出の機会は少なかったけれど、外出中に事故に遭ってからはますます外に出ることが減り、認知症になり、母の介護を受けながら、私が中学生のときに自宅で亡くなった。彼女が言葉を語ることができなくなった後、私と祖母の距離は開いた。妄想かもしれないけれど、もしもいまの私だったら「そんなに気にせんと、僕が押すから」と、車いすに乗せて一緒にいろんなところに出かけられたかもしれないと思うことがある。認知症が深まって意思の疎通が難しくなった後も、傍らで一緒に過ごすことで、くみ取れる思いがあったかもしれない。祖母にとって生きやすい社会ってどんなものだったのだろう。そんなふうにも考える。

事件から三年が経過して、この事件を深刻に受けとめる人たちと、そうではない側の「落差」は広がる一方のように思える。報道に携わる者として忸怩《じくじ》たる思いだが、その「落差」は何なのかを考え、少しでも埋められるようにと願い、取材を続けている。「そんな落差なんて、そもそも興味ないよ」という人たちを振り向かせる言葉を自分はまだ持たないけれど、しぶとく模索したい。少なくとも私は、出会いと対話をくりかえすなかで変わった。自分のいまと過去を問い返しながら、友人を増やし、身近な死者をより親密に考えることができるようになった。そして、ずいぶん遠回りで情けないけれど、事件が起きたあの日よりはずっと確かな怒りがこみ上げている。

9 「魂の嘔吐感」とどう向き合うか ——植松聖被告と面会して

福島　智（東京大学先端科学技術研究センター教授、全盲ろう）

1　面会に至るまで

小さな部屋だった。狭いカウンター式の机がある。机の奥はアクリル板のようなもので向こう側と仕切られている。カウンターに向かって椅子が二脚。そこに私と指点字通訳者が座った。私たちの後ろに横田記者(*1)が座る。しばらく待つ。約束の時刻は過ぎている。横田記者の話では、アポイントを取っていても、実際に訪ねると会えなかったこともあるという。

二〇一八年九月のある木曜の午後。場所は横浜拘置支所の面会室。相手は植松聖《さとし》被告である。横田記者の仲介で面会することになったのだが、私の胸中は常になくザワザワとしていた。

津久井やまゆり園事件については、二〇一六年七月二六日の事件発生直後から、複数のメディアに私の考えや分析を寄稿し、書籍にも論稿を寄せた。いわば、植松被告（当初は容疑者）を「仮想敵」としつつ、相手のいないところで自らの意見を展開してきたのである。それで、横田記者から被告との面会について話があったとき、「一度は会わねばならない」と心に決めたのだった。

2　『アルジャーノンに花束を』が「人生でベスト3」

植松被告が入室した。深々と一礼している。最初に横田記者が少しやりとりをした後、私が被告に話しかけた。

福島　どうも、福島です。植松さんは私の本[*2]を読んでくれたそうで、ありがとうございます。

植松　こちらこそありがとうございます。

福島　（横田記者への被告の）手紙に『アルジャーノンに花束を[*3]』が人生での（読書の）ベスト3だと書いておられたようですが、いつごろ（この本を）読みましたか？

植松　拘置所に入ってから読みました。

福島　どのあたりが良いと思いましたか？

植松　（主人公チャーリーの周囲の人が）しどろもどろの所。（チャーリーの）頭が良い文章が面白いと思いました。

福島　あの本は、知的障害の主人公チャーリーが頭が良くなり、だんだんと元に戻っていく物語ですね。

植松　上に上がって下がっていくのは、寂しいですね。

福島　何か心に残るものがあったのかな。私は二〇年ぐらい前に読んで、心に強く残りました。ところで、私の本を読んで共感してくれたようですが、どの部分に共感したのですか？

植松　違うと思ったところはひとつもありませんでした。

被告が読んだ拙著は二〇一五年刊行なので、当然のことながら二〇一六年のやまゆり園事件には言及していない。同書は一般向けに書いたエッセイ風の本なので文体も含め、比較的読みやすくしたつもりだ。しかし同書の思想的な土台は、障害者も含めすべての人にとっての命の普遍的な価値と、人と人をつなぐ広義の（非言語も含めた）コミュニケーションの重要性である。したがって、率直なところ植松被告が拙著に「共感した」という意味が筆者には釈然としなかった。

しかも、『アルジャーノンに花束を』についても「人生でベスト3」と被告が言うのには困惑せざるを得なかった。なお、拙著の中でこの作品に関して筆者は次のように記している（二三六―二三七頁）。

知的障害を持つ青年チャーリーが脳の手術を受け、〈天才〉になる、というストーリーは、魔力的とも言えるようなエネルギーで読者を引きつけていきます。自分を人為的に〈天才〉に仕立て上げた科学者たちに向かって、彼はあるとき次のように言います。

「知能だけではなんの意味もないことをぼくは学んだ。あんたがたの大学では、知能や教育や知識が、偉大な偶像になっている。でもぼくは知ったんです、あんたがたが見逃しているものを。人間的な愛情の裏打ちのない知能や教育なんてなんの値打ちもないってことをです」（『アルジャーノンに花束を』二五八頁）

3　仮面の裏

「知識第一主義」「知能至上主義」ともいうべき現代社会の風潮を、このようにチャーリーは真正面から告発している。これはどう考えても、植松被告の行動や思想とは相容れないのではないか。そう感じた筆者は、植松被告に端的に尋ねた。

福島　あなたが衆院議長に宛てた手紙など、新聞に全文掲載されていますし、横田さんからもあなたのことを伺ったりしましたけれど、あらためて伺いたい。やまゆり園で重度の障害を持った人へのああいう行動をとったということについて、どういう狙いがあって、あのようなことをやったのか。

植松　（彼らは）人間ではないですから（まっすぐ福島の目を見据え――横田記者注）。

福島　それがあなたの考えですか。その上で、殺害にどうつながるのですか？

植松　それを伝える方法がないから。

福島　誰に伝える方法？

植松　（社会の）皆さんに。そうして伝えることで、施設の人を殺して、生きる資格がないとメッセージを伝えて、より良い社会になればいいなと思いました。

福島　それはロジックが飛躍していないかな？

この後しばらくやりとりがあってから、横田記者が被告に声をかけた。

横田　福島先生に何か聞いてみたいことはある？

植松　福祉の教授として、安楽死について。移動、食事、排泄ができなくなったときにどういう決断をするのか気になります。

福島　実際にそうなったらわからないけど、私は生きる、それ自体に意味があると思っています。人はいずれ死ぬ。私もあなたも横田さんも通訳者も。ただ、生きているあいだは、生きるということが大事だと思います。

植松　それは人としては生きていないということ。

福島　そうかもしれない。たとえば、意識を失っている状態は人ではないのではないかという考え方もある。IQいくら以下は人ではないというような、シンガー(*4)という倫理学者のような考えの人もいる。

植松　私もまったく同意します。

福島　私は同意しません。父がかつてくも膜下出血で倒れて、植物状態になりました。でも病院で父の手を触ったときに脈を打っていて、温かかった。意思疎通はできない状態だったけれど……。

植松　（福島の発言に割り込む形で）それだと困ります。誰でも死ぬつもりでいればいいんですけど。

福島　植松さんとしては、元気で比較的若くて仕事ができる人だけが生きていれば良いと思いますか？

植松　そういう極論で話を進められると話が進まなくなります（ふてくされたようす――横田記者注）。

福島　たとえば高齢の認知症患者は……。

植松　自分でできる限りのことをしていただかないと。

福島　そのときは安楽死するべきだと?

植松　自分で判断してもらわないと。ぼけたら死ぬということは義務教育のような、あいさつと同じぐらい当然のマナーです。

福島　ここにいる横田さん。健康で働き盛りですが、これから道を歩いていて、交通事故かなんかで頭を打って、ものごとがわからない状態になった場合は、どうする?

植松　死なくてはいけないと言えばいい。これが真実です。

4　形容しがたい不快さ

三〇分間の面会を終え、帰途につきながら、筆者はなんとも形容しがたい不快さに包まれていた。どのような言葉を用いてもピタリとこないような気がする、そんな感覚だ。

たとえば、ケーキの上に生クリームを載せる代わりに、チューブから白い歯みがきを絞りだして、それを載せたケーキを食べる場面を想像したときの、そんななんとも形容不能の不快な違和感だろうか。あるいはまた、ボウルいっぱいの生野菜に、レモンをメインにしたさわやかなドレッシングをかけて食べるつもりが、レモンに似せた香りの台所用洗剤をかけてしまって、その野菜サラダを頬張ったときに感じるであろうような、なんとも言えない違和感、「魂の嘔吐感」とでも言うべき強烈な不快感に襲われたのだった。

事件から三年が経過した。NHKが今年（二〇一九年）六月におこなった調査では、すでに五人に一人があの惨事を忘れており、二〇代以下に限れば半数程度が忘れているという。(*5)

やまゆり園事件が社会の教訓になるどころか、風化しかねない状況にある。さらに、事件で注目された「優生思想」が、別のバージョンでまたも噴き出している懸念がある。二〇一九年六月、東京都練馬区で「ひきこもり」状態にある息子を、元農水事務次官が殺害するという事件が起きた。この事件について、精神科医で筑波大教授の斎藤環は、優生思想との関連で次のように述べる。

「練馬の事件では『元農水次官の英断だ』『社会に貢献しない存在は生きるに値せず、殺されて当たり前だ』と世間が反応した。これは相模原市の障害者施設殺傷事件の被告が発した言葉そのものだ。(*6)」

私たちはどうすればよいのだろう。何をすればいいのか。私にできることは、まずは植松被告と語りあった後の、あの何とも言えない不快な感覚を、忘れずにいることなのだと思う。

不快さやつらさから目を背けないこと。おそらく、私たちがすべき第一のことは、それなのだと思う。

注

＊1　被告との面会を仲介してくれたのは共同通信社の横田晋作記者である。また、本稿での私と被告のやりとりの記録は、横田記者のメモと私の記憶をもとにして記している。

＊2　福島智『ぼくの命は言葉とともにある』（致知出版社、二〇一五年）のこと。横田記者が事前に被告に郵送してくれていた。

＊3　ダニエル・キイス『アルジャーノンに花束を』（小尾芙佐訳、早川書房、一九八九年）。この面会に先立って、植松被告から横田記者に宛てられた手紙の中に次の一文があったと筆者は知らされていた。「福島先生に『アルジャーノンに花束を』は人生ベスト3に入っていますと、どうぞよろしくお伝えください」。

＊4　ここで筆者が「シンガー」と言っているのは、プリンストン大学教授で応用倫理学を専門とするピーター・シンガー（Peter Singer）のことである。彼は、条件次第では障害をもった新生児の安楽死（「安楽死」の本来的な意味である、

自発的に希望する死とは異なるが）は正当なものとして許容されると主張している。またたとえばシンガーは、重度の障害のある乳児と犬や豚などの動物を比較して、合理性やコミュニケーション力において、後者のほうが優れていると述べる（シンガー『生と死の倫理』樫則章訳、昭和堂、一九九八年など参照）。なお、社会学者で重度障害の娘と同居する最首悟は、植松被告と面会し、数多くの手紙のやりとりもしている。最首は、私が例に出したシンガーではなくジョセフ・フレッチャー（Joseph Fletcher）を被告への手紙で紹介している。フレッチャーの「人の基準」の第一項目は「最小限の知性。スタンフォード・ビネー式知能検査で四〇以下、またはそれと類似したテストで知能指数四〇以下、は人間であるかが疑わしい。二〇以下は人としては通用しない」とする。最首悟「序列をこえた社会に向けて（第一回）」神奈川新聞、二〇一八年七月二五日（http://www.kanaloco.jp/article/entry-33738.html）。

＊5　「相模原の障害者施設一九人殺害事件　五人に一人が覚えておらず　ＮＨＫ調査」（ライブドアニュース http://news.livedoor.com/article/detail/16831732/）ほか。

＊6　「続編『波紋』(1)浮かんだ『優生思想』　長男殺害を擁護、称賛」(47ニュース、二〇一九年八月五日 http://www.47news.jp/news/column/tobira/3853811.html)。

第2章　事件の背景と要因——日本の社会保障・社会福祉と人権保障の貧困

1 優生思想の現代《いま》

――やまゆり園事件と強制不妊・出生前診断

利光恵子（立命館大学生存学研究所客員研究員、優生手術に対する謝罪を求める会）

はじめに

二〇一六年七月に起きたやまゆり園障害者殺傷事件の衝撃は、三年が経過したいまも生々しい。一九人ものかけがえのない人生が断ち切られ、多くの人たちが心身に大きな傷を負った悲惨さはもちろんのこと、元職員の加害者が、犯行に先立って衆議院議長に宛てた手紙の内容に戦慄した。彼の目標は、「（障害者が）家庭内での生活、及び社会活動が極めて困難な場合、保護者の同意を得て安楽死できる社会」であり、「障害者は不幸を作ることしかできない」ので、日本国と世界のために抹殺すると書かれていたのである。元職員は、いまも同様の考えを披瀝していると伝えられている。障害者に対する憎悪に近いほどの差別と排除への志向について考えるとき、この事件は、加害者個人が引き起こしたというよりも、やはり、現代社会の中に根深く存在する「優生思想」が凝縮して、このような形で噴出したのではないかと考えざるをえない。

優生思想とは、人間の生命に格付けをして「生きるに値する命」と「生きるに値しない命」を切り分け、それに基づいて生存の適否を決定しようとする思想である。生殖の場に限れば、生まれながらにして「優秀な人」と「劣った人」がいるということを前提に、「優秀な人」をより多く出産し、「劣った人」はできる限り生まれてこないようにして、人間の集団を改良しようとする考え方である。

日本では、「優生上の見地から不良な子孫の出生を防止すること」を目的に掲げた優生保護法（一九四八年制定）によって、遺伝性疾患とされた人や障害のある人々に対して、本人の意思に基づかない優生手術（不妊手術）がおこなわれてきた歴史がある。一九九六年に障害者差別に当たる条項を削除して母体保護法に改正されるまで、約五〇年間にわたって続いた。しかも、改正に際して、あるいはそれ以降も、優生保護法が犯した罪に対する検証も反省もなされないまま、二〇年以上放置されてきたのである。

やまゆり園事件の発生から一年半後の二〇一八年一月、障害を理由に強制不妊手術を受けた被害者が声をあげ、国に謝罪と補償を求めて提訴した。提訴を機に多くのメディアがこの問題を取り上げ、各都道府県も関連する公文書を開示しはじめた。遅ればせながら国も調査に着手した。二〇一九年四月、不十分な点は多々あるが、「旧優生保護法に基づく優生手術を受けた者に対する一時金の支給等に関する法律」が成立した。五月末には、仙台地裁ではじめての判決が示された。子を産み育てるかどうかを意思決定する権利（リプロダクティブ権）は、憲法一三条が保障する基本的権利であると認め、その上で、旧優生保護法はこれを侵害し違憲であると明言した意義はとても大きい(*1)。被害者の人権回復への端緒がやっと開かれるとともに、戦後日本においてどのような優生政策がおこなわれたのか、どのような仕組みを通して優生思想が社会の中に刷り込まれ、人権侵害を引き起こしてきたのかが明らかになろうとしている。

本章では、やまゆり園事件を引き起こした「優生思想」がどのように醸成されてきたのかを、強制不妊手術をめぐる経緯をたどるなかで考える。さらに、現在、強制不妊と同様に、生殖の場での命の選別という倫理的問題をはらみつつ急速に普及しようとしている出生前診断の現状についても取り上げ、いま広がりつつある優生思想の新しい形について考える。

1　優生思想（優生学）とは何か、何をなしたのか

本題に入る前に、優生思想を科学として正当化し、社会的・政治的実践の基盤となった「優生学」がどのように登場し、何をなしてきたのか、欧米における歴史的経緯と現状を簡単にたどってみよう。

優生学（Eugenics）は一八八三年にイギリスのフランシス・ゴルトンが提唱した言葉で、ギリシャ語で「良いたね（良い生まれ）」を意味する。彼は一九〇四年、第一回イギリス社会学会でおこなった講演で、「優生学とは、ある人種の生得的質の改良に影響するすべてのもの、およびこれによって質を最高位にまで発展させることを扱う科学である」と述べて、人間集団の生まれ持った資質や血統を改良する方策の必要性を説いた。イギリスでは断種などのラディカルな方策が実践に移されることはなかったが、アメリカに伝わり大規模な優生運動に発展していく。

当時アメリカでは、社会や民族が質的に劣化していくのではないかという不安が大きくなっていた。その要因として挙げられたのが知的障害者や精神障害者と移民である。彼らの増加が貧困層を急増させ、大きな社会不安を生じさせているとされた。また、科学・技術の進展を背景に、すべての問題が科学によって解決できるという

科学万能主義が浸透していた。「優生学」は、その当時もっとも進歩的な科学とみなされていた。一九〇七年にはインディアナ州で精神障害者を対象とする強制断種法が制定された。断種法制定の動きは三〇以上の州に広がり、一九三〇年代末までに約三万人以上が強制的に不妊手術を受けたと言われている。体系的な優生学の研究も進められ、一九一〇年に設立された優生学記録局を中心に、「精神薄弱」者の家系図をはじめとして、人類遺伝に関する膨大なデータ収集が精力的におこなわれた。また一九二四年には、南欧・東欧からの移民を厳しく制限する絶対移民制限法が制定された。

一九三〇年代に、このようなアメリカの優生運動を模範として採り入れ、急速に拡大させたのがナチス・ドイツである。ドイツでも一八九五年にアルフレート・プレッツが『民族衛生学の基本方針』を記すなど優生学が構想されたが、断種の実行等は認められていなかった。しかし一九三三年にナチス政権が成立すると、カリフォルニア州断種法をモデルにしてドイツ初の断種法（遺伝病子孫予防法）が制定され、すぐさま実行に移された。一九四〇年ごろまでに約三五〜四〇万人の障害者が強制断種を受けさせられた。さらに一九三九年以降、「T４計画」と呼ばれる障害者安楽死計画が実行に移され、「生きる価値がない」とみなされた多くの障害者が薬物やガス室等で殺害された。そして、同様の方法で膨大な数のユダヤ人やマイノリティの人々が殺害された。

終戦後、ナチス・ドイツの人種差別や階級差別、ジェノサイド、全体主義による圧政に対して強い批判がなされた。優生学はナチズムと同一のものとしてイメージされるようになり、否定的に捉えられるようになった。だが、障害者差別による強制断種などの優生政策については、ほとんど問題とされなかった。とくに科学や医療の分野では、一九六〇年代まで、ナチス・ドイツの優生学は強制的で人種への偏見が強かった点で「悪い優生学」だったが、科学的な優生学（「良い優生学」）によって病気の原因となる遺伝子を除去し、障害や病のない社会をめざすべきだとの主張もされた。

一九六〇年代末ごろから、公民権運動、女性・障害者・同性愛者らの解放運動、ベトナム反戦運動を契機とする科学技術批判運動の興隆を背景に、優生学が理論的根拠とする遺伝決定論や生物学決定論に対して厳しい批判が投げかけられるようになった。人間の能力は遺伝的に決定されるという前提に立つ優生学は、差別的な偏見に基づく似非《えせ》科学であるとされたのである。とくに、過去の優生学が集団の利益を優先して、国家や権力者が生殖という個人的な領域に強制的な介入をおこなった点が強く非難された。そして七〇年代半ばまでには、「優生学」という言葉はもっぱら非難の対象として用いられるようになった。

しかし九〇年代以降、遺伝医療の進展・普及を背景に、優生学とは「国家の強制による社会的プログラム」のことであり、出生前診断のように個人や家族の利益を最優先して、個人の自発的選択により実施される限り優生学とは言えず、問題はないとの主張もあらわれはじめた。さらには、「自発的優生学」は擁護できるとの主張もされている。(*2)

2　優生保護法のもとでの強制的な不妊手術

さて、本題に入ろう。優生保護法のもとでの強制不妊手術には、次のような三つの形があった。

第一に、法の第四条、第一二条に基づいて実施された「本人の同意を要さない不妊手術」である。遺伝性疾患とされた人や、遺伝性でない精神病や知的障害の人に対して「公益上必要と認めるとき」には、医師が申請し優生保護審査会が認めれば、本人の同意がなくとも強制的に不妊手術をおこなうことができると規定していた。その数は、国に届けられたものだけで約一万六五〇〇人、その七割が女性だった。

第二に、表面上は「本人の同意に基づく」とされたものの、実質的には強制的な状況下で実施された不妊手術がある。第三条では、ハンセン病や遺伝性疾患の場合、本人と配偶者の同意を得て不妊手術をおこなうことができると規定していた。その数は合わせて約八五〇〇人にのぼる。しかしながら、たとえばハンセン病の場合、実際には、絶対隔離政策のもと結婚の条件として不妊手術が強いられ、たとえ妊娠に至っても、強制堕胎と同時に夫婦ともに不妊手術を受けさせられたことが明らかになっている。遺伝病とされた場合も、拒否することが難しい状況のもとで同意を迫られた場合が多かったと考えられる。全国ろうあ連盟の実態調査によれば、全国で男性四五人、女性一二二人が聴覚障害を理由に不妊手術や中絶を強いられたと証言している（二〇一九年七月末時点）。手話の使用が禁止され、コミュニケーションが非常に困難な状況のもと、何の手術か理解できないまま手術されたり、結婚の条件として手術を迫られたりしたという。聾学校の校長や教員からの強い勧奨があったとの証言もある。

第三に、優生保護法が定める範囲さえ逸脱して、法が認めていない方法や理由でおこなわれたものもある。法律で認められた不妊手術は、精管や卵管を縛ったり切ったりする方法だけだが、「障害者に妊娠・出産・子育ては不可能」といった差別・偏見に基づいて、あるいは月経介助の軽減を目的として、障害女性に対する子宮摘出や卵巣への放射線照射がおこなわれた。手術が施設入所の条件とされたり、入所中の施設から勧められた場合も多かった。障害を理由に睾丸を摘出する去勢手術を受け、生涯にわたってその後遺症に苦しんでいる男性もおられる。また、複雑な家庭環境や貧困ゆえに児童施設に入所中の子どもたちが、手術を受けさせられた例も明らかになっている。優生保護法では、ハンセン病や、第一二条が規定する「遺伝性」以外の疾患や障害も優生手術の対象としていたことからも明らかなように、「不良な子孫」かどうかの判断基準は、貧困による養育困難や犯罪傾向といった社会的理由にまで拡張される素地は十分あったと考えられる。

3　〝強制〟の実相

では、「本人の同意を要さない不妊手術」の〝強制〟とは、どのようなものだったのか。厚生省（当時）が都道府県知事宛てに出した通達によれば、「本人が手術を受けることを拒否した場合においても手術を強行することができるものである……許される強制の方法は……身体の拘束、麻酔薬施用又は欺罔《ぎもう》等の手段を用いることも許される場合があると解しても差し支えない[*3]」としている。つまり、本人が強く抵抗した場合には、縛りつけたり、麻酔薬で眠らせたり、たとえば「盲腸の手術だ」と騙して手術をおこなってもよいということだ。

この通知は、「身体拘束等の手段により事実上拒否不能の状態を作ることが許されるのか」という厚生省からの問い合わせに対して、法務府が示した回答[*4]に基づいている。回答では「〔不妊手術の強制が――引用者〕基本的人権の制限を伴うものであることはいうまでもない」と認めつつ、「そもそも優生保護法自体に『優生上の見地から不良な子孫の出生を防止する』という公益上の目的が掲げられて」おり、医師が「公益上必要」と判断して申請するのだから、決して憲法の精神に背くものではないとしている。つまり、障害を理由に無理やりにでも不妊手術をおこなうことは公益上必要なので――言い換えれば「公共の福祉」に合致するので――個人の人権を侵害してもやむを得ない、という見解である。また、都道府県優生保護審査会の決定がなければ手術をおこなうことはできないし、異議がある場合には国の審査会への再審査の申請、さらには裁判に訴えることもできるなど、法に細大漏らさず定められているとして「その手続きはきわめて慎重であり、人権の保障については十分の配慮をしている」と〝強制〟を正当化していた。厚生省は、同じ内容の通知を出して周知をはかったのである。

これまで長きにわたって、強制不妊手術の実態解明と被害者への謝罪と補償を求めてきた障害者・女性・市民団体に対して、国は「強制不妊手術は、合法的に、厳正な手続きのもとで行われた」として、実態調査も補償も必要ないとの態度に終始してきた。だが、最近、各都道府県から開示された公文書からは、多くの自治体で、審査会が委員らの合議ではなく書面の持ち回りでおこなわれていたこと、手術を拒む保護者に対して再審査の申請が可能なことも知らせず、県や町、管轄の保健所が一体となって優生手術を強要した例や、再審査の申し出が可能な時期に手術を実施した例など、ずさんな手続きによる二重の人権侵害の実態も明らかになっている。

4　日本における優生政策の歴史的経緯

このような優生保護法は、どのような経緯で成立し、どのような政策を具体化したものだったのか、そして、それが現在にどのように接続しているのだろうか。

(1)　国民優生法のもとで

一九四〇年に、ナチス・ドイツの「遺伝病子孫予防法（断種法）」を手本として「国民優生法」が成立した。「悪質なる遺伝性疾患の素質を有する者」には、その増加を防ぐために不妊手術を促す方で、「健全なる素質を有する者」には多産を奨励し、不妊手術や中絶を厳しく制限して国民の素質を向上させようとした法律である。

しかしながら、当時は社会の基盤として家制度があり、子孫を残すことが重要視されたことから、子種を断つ不妊手術に対して非常に大きな抵抗があった。そのため、一九四八年までの不妊手術の総件数は五三八件と少ないものだった。第六条には強制断種の規定があったが、審議の過程で事実上凍結されたために、一件もおこなわれていない。一方、戦争に向けて人口増強策が推進されるなかで、それまで医師の裁量に任されていた医学的理由による妊娠中絶も当局に厳しく監視され、むしろ「産めよ増やせよ」という政策を支える側面が強調される形で運用された。こうして、もともとは純然たる優生断種法として設計された国民優生法だったが、結果としては、優生を目的とした不妊手術は少数しかおこなわれず、中絶禁止法として機能した。

（2）優生保護法成立——「民族復興」のための優生政策

敗戦を迎え、厳しい食糧難の中で、引揚げや復員にともなってベビーブームが起こってくると、一転して人口の過剰が問題になった。国は産児制限を進める必要に迫られたものの、中絶や避妊を認めれば、優秀な家庭ではこれを用いるけれども、「劣等者」の家庭では欲望のままに子どもをつくり続けるので、結果として民族全体の質が低下してしまうという、いわゆる「逆淘汰」への懸念が強調された。そこで、産児制限を進めるならば、同時に「不良な子孫」の出生を強力に防止する手立てが必要とされたのである。

そのような流れの中で、一九四八年に「不良な子孫の出生防止」と「母性の生命健康の保護」を目的に掲げた優生保護法が成立した。その内容は、戦前の国民優生法よりもさらに優生的な色合いを帯びている。条件つきで中絶を合法化する一方で、国民優生法では認めていなかった、ハンセン病を理由とした任意の不妊手術や中絶が合法とされ、第四条では遺伝性とされた疾患を対象とした強制不妊手術が認められ、実行に移されていった。

さらに、避妊や中絶が制度化されていくのに並行して、逆淘汰を防ぐためだと称して、優生学的な規定が強化されていった。一九四九年に中絶の適用事由に「経済的理由」が導入され、さらに五二年の改定で、中絶の審査制度が廃止され実質的な中絶の自由化が進められた。これと並行する形で、遺伝性以外の精神病や知的障害のある人に対しても、保護義務者の同意があれば、本人の同意がなくても不妊手術を実施できると定めた第一二条が新たに加えられた。

このようにして、敗戦後の「民族復興」のための優生政策が強化され、その主要な方策として強制不妊手術が位置づけられていったと考えられる。

(3) 経済成長のための優生政策のもとで

一九五〇年代半ばごろから日本は高度経済成長期に入る。すると今度は、経済成長の推進力として国民の資質の向上がめざされた。六二年には、厚生省の人口問題審議会が「人口資質向上対策に関する決議」を出し、その中で「人口構成において、欠陥者の比率を減らし、優秀者の比率を増すように配慮することは、国民の総合的能力向上のための基本的要請である」と述べている。またこのころ、財政拡大に支えられて障害者施設も拡充されるが、こうした障害者福祉のための財政負担の増大に対して、福祉コストの削減のために障害児の出生を防止すべきだという方向が出されてくる。たとえば、母子保健対策懇話会が作成した「母子保健綜合対策の確立に関する意見書」(一九六八年)では、「施設を含めた養護対策のためには、莫大な費用を必要とする。経費の節減と国民福祉の点からも、今後は心身障害児の発生防止に努めることこそ、最も重要な抜本対策である」と述べている。そして、その施策の一環として、六六年に兵庫県で始まった「不幸な子どもの生まれない運動」が全国に広がっていった。行政主体の障害児出生防止キャンペーンが繰り広げられると同時に、障害を理由とする不妊手術も推進された。

この運動に取り込まれる形で普及したのが、六八年に日本にはじめて導入された羊水診断である。それまで「不良な子孫の出生防止」をおこなうために、強制不妊のように「障害をもつ子どもを産む可能性のある親」に向いていた視線が、出生前診断技術の登場によって、胎児に直接注がれるようになっていくのである。七〇年以降、羊水診断は各自治体の障害児出生防止対策に取り入れられる形で普及していった。

(4) 出生前診断導入をめぐる論争

これに対して、「青い芝の会」をはじめとする障害者運動は、出生前診断の結果による障害胎児の中絶(選別的中絶)は障害者を「本来あってはならない存在」とみなし、生存権を否定するものだとして強く反対した。また、産む/産まないの自己決定、中絶の自己決定を求めた女性運動に対しても、選別的中絶も自己決定権に含まれるのかと鋭く問いかけた。女性運動はこれを受けとめ、話し合いを重ね、障害者運動との共闘を模索していく。

このように、一九七〇年代はじめの障害者運動が、出生前診断とその結果による選別的中絶は障害者差別であり、個人による自己決定という形をとった優生思想の実践であると明確に指摘し、日本の女性運動がそれを受けとめた意味は非常に大きい。この時期の障害者運動から発せられた優生思想への強い批判は、その後の出生前診断に関する医療側の対応に影響を与え、日本では、出生前診断の導入や一般医療としての実施は慎重かつ抑制的に進められてきたといえる。出生前診断の実施件数も、二〇〇〇年代までは、ほぼ横ばいから微増の状態で推移してきた。だが二〇一〇年代以降、少量の検査試料から一度にさまざまな遺伝学的変化を知ることができる網羅的な検査の登場にともなって、出生前診断の実施件数が急激な伸びを示すなど、新たな局面を迎えている。

5　網羅的な遺伝学的検査の時代に――新型出生前検査をめぐって

その網羅的な遺伝学的検査のひとつが、新型出生前検査（母体血胎児染色体検査／ＮＩＰＴ）である。日本では二〇一三年四月から「臨床研究」として日本医学会が認可した施設で限定的に実施してきた。検査の対象も高齢妊婦などに限定し、ダウン症など三種類の染色体の変化をもつ可能性を調べる。妊娠一〇週という非常に早い時期から、相当高い精度での診断が可能だとされている。導入に際して強調されたのが、女性（カップル）の自己決定と、それを支える遺伝カウンセリングだった。

二〇一八年九月までの五年半のあいだに約六万五〇〇〇人がこの検査を受け、最終的に「胎児に染色体の変化がある」と確定した妊婦の九割以上が中絶したという。日本産科婦人科学会は、二〇一八年春には「臨床研究」の枠組みを終了し、一般医療に移行させた。さらに、インターネット等を通じて「年齢制限なし。全染色体の検査が可能」などと宣伝し、検査を実施する無認可の複数のクリニック（産婦人科以外の美容外科などを含む）が出てきたことを背景に、「妊婦（カップル）の不安に寄り添い、そのニーズに応える体制を構築するため」として認定条件を緩和し、実施施設を大幅に増やす方針が示されている。二〇一九年秋から厚労省も検討に乗り出す予定である。

現在、遺伝医学の検査技術は爆発的に進展しており、少量の検体からさまざまな遺伝学的変化について同時にわかるようになってきた。自動化・機械化により大量の検体を短時間に調べることができるようになり、かかる費用も安くなってきた。新型出生前検査の導入は、このように急激に進展している網羅的な遺伝子検査・解析手法を、子どもを産むか産まないかの選択の場に導入したということだ。しかも妊婦の血液検査という、非常に普及しやすい形でである。新型出生前検査が本格的に導入されれば、不特定多数の妊婦を対象に、胎児のさまざまな遺伝学的変化を網羅的に調べあげ、ふるい分けるようになるのではないか。さらには、国内外の検査会社が競争して参入し、多くのクリニックも患者への「医療サービス」の一環としてこの検査技術を取り入れるようになれば、出生前診断の商業化も急速に進むと考えられる。

おわりに

やまゆり園事件の加害者の言動は、「生きるに値しない」とみなした生命を奪う、まさに優生思想に基づいた、剝き出しの暴力だった。ただし、これまでの歴史が教えているのは、「優生」が政策や制度として用いられるとき、むしろ、その時代の最先端の科学性や合理性を体現した「正義」として立ちあらわれるということだ。しかも、「家族のため、障害者のため、生まれてくる子どものため」といった善意を装い、社会的合意を得た上で組織的に進められる。優生保護法のもとでの強制不妊手術も、終戦後の「民族復興」や高度経済成長を支えるための優生政策の一環として、行政と教育や福祉、医療が一体となって推し進められた。その中で、障害者を「劣等」とみなし、障害とともに生きることを「不幸」だとする考え方や、障害のある人は子どもを産んではならないし、障害のある子どもは生まれてはならないという差別・偏見が増幅され、社会の中に深く浸透していったと考えられる。

さらに、歴史的経緯をたどれば明らかなように、強制不妊手術を正当化した考え方は、現在、急速に進行している出生前診断等の〝いのちを選別する技術〟の開発・普及に直接つながっている。

もちろん、いまでは優生保護法下での強制不妊のような、国家権力による個人の生殖への直接的な介入は許されていない。出生前診断をめぐる選択は妊婦（カップル）の自己決定に委ねるとされている。だが、検査を受けるかどうか、胎児に障害があることがわかった際に妊娠を継続するか否かという妊婦（カップル）の意思決定は、社会が障害者をどのように受け入れているかに大きく左右される。どのような状態を「重篤」と捉えるのか、何が生きていく上での「障害」になるのかも、医療・福祉・教育面での社会的な支援体制の充実度により大きく変わってくる。だが、障害児を育てる親へのサポートも十分とはいえず、障害者が合理的配慮や必要な支援を得ながら地域の中で当たり前に育ち、働き、暮らせる体制にはほど遠いと言わざるをえないのが現状だ。加えて、営利を目的に出生前検査を普及させようとする医療産業からの働きかけも大きな影響をおよぼそう。今後、出生前診断のシステム化が進められ、医療サービスの一環として提供されるようになれば、剝き出しの暴力や目に見える強制力による排除ではなく、合理的・科学的かつ倫理的配慮もなされているような形で、私たち自身が「選び取る」ものとして「いのちの選別」が進行していくのではないだろうか。

簡便で、侵襲性が低く、網羅的な遺伝学的検査技術の登場を前に、生命を選別することを是とするのかどうか、私たちがどのような社会をめざすのか――障害のある人の誕生そのものを「予防」するのか、あるいは、多様な人々との共生をめざすのか――が、あらためて問われている。

注

＊1　残念なことに、判決は、被害から二〇年以上が経過すれば損害賠償を請求する権利がなくなるという「除斥期間」を適用して、原告の損害賠償請求を棄却した。原告らは控訴してたたかいを継続している。

＊2　以下を参照。松原洋子「優生学批判の枠組みの検討」（原ひろ子・根村直美編『健康とジェンダー』明石書店、二〇〇〇年、六九―八八頁）、同「優生学」（『現代思想』第二八巻三号、二〇〇〇年、一九六―一九九頁）。

＊3　厚生省公衆衛生局長通牒衛発第一〇七七号、一九四九年（改正一九五三年、最終改正厚生省発健医第五五号、一九九〇年）。

＊4　法務府法意一発第六二号、一九四九年。

2　精神科医よ、診察室の外にも目を向けよ

香山リカ（精神科医、立教大学現代心理学部教授）

1　容疑者の精神状態と事件との関連について

二〇一六年七月二六日に起きたやまゆり園障害者殺傷事件は、「精神医療」の問題なのか。精神医療をもっと充実させることで、同様の事件を防ぐことができるのか。私は前作『生きたかった』の中で、この事件を精神医療のフィールドで論じることはむしろ事件の矮小化につながり、それが持つ本質や、それを生んだ社会背景を見失わせる危険性があるのではないか、と述べた。

たしかに容疑者とされる男性は、事件に先立つ二〇一六年二月、衆議院議長宛てに「重度の障害者に安楽死を望む」といった書状を直接渡そうと公舎を訪れていたことがわかるなど、常識では考えられない行動が目立った。さらに男性は、間もなく職員として勤務していた重症心身障害者施設「津久井やまゆり園」を退職したが、施設長との面談でも右記の主張をくりかえし、警察に通報されて「自傷他害のおそれあり」との判断により精神科病

棟に措置入院となっている。入院時こそ興奮状態があり、男性の尿からは大麻の陽性反応が見られたが、大麻吸引で妄想や精神興奮状態が長く続くことは考えにくい。また、入院後、男性はすぐに落ち着きを取り戻したため、措置解除となり一二日間で退院となっている。その後、一度外来を受診したときにはむしろ落ち込みなどの抑うつ症状が見られたが、次回の予約は取ったものの通院はそこで途絶えてしまった。

このように男性は事件前に精神医療とかかわりを持ったために、「なぜ退院させたのか」「なぜ通院中断を放置しておいたのか」「診断は正しかったのか」など、しばらくのあいだ「やまゆり園事件＝精神医療の欠陥が生んだ事件」のように語られていた。また、安倍総理大臣は事件後すぐに「措置入院のありかたなどを見直す必要がある」とコメントし、厚労省による検討委員会が設置され、措置が解除されて退院した後の継続的な支援体制の確立などが検討された。

しかし私は、それはこの事件のほんの一部でしかないと考える。報道や入院中の男性の記録を知る人からの情報を検討しても、男性にこのような重大犯罪につながるような精神疾患は認められない。「重度の障害者には安楽死を」と発想し、それを口にすること自体が常軌を逸している、という意見もあるだろう。たしかにそうだが、精神科診断学では「常軌を逸していればその考えは妄想」とは考えない。たとえばアメリカのあるＩＴ起業家は「将来は火星に移住したい」と公言している。常識から考えればありえない話だが、その人は実際に莫大な資産で宇宙開発事業に取り組んでおり、次々に試験飛行などを成功させている。あるいは、詩人の中には「自分には天使が見える」などと言って創作活動に励む人もいるかもしれないし、その作品が後世の人々に深い感動を与えるかもしれない。

では、妄想と、妄想ではない「突拍子もない空想や信念」との境目はどこにあるか、と言われると、この問いに答えるのはとても難しい。「本当はそうでないかもしれないが」と現実を検討する能力があることや、自分の生活がそれに支配されて破綻していないことなどが「妄想ではない空想や信念」の条件として挙げられることがあるが、それも絶対ではない。

そうなると、その人の生活スタイルや、その空想などを述べるときの文章構成力で判断するしかない、という場合も多い。もしそれが妄想――とくに統合失調症に由来する――であれば、他の症状も起きるため生活が完全なひきこもりになったり、周囲の人から見ても異様な変化が目立ったり、あるいは文章を書くにも支離滅裂になってしまったりするからだ。そう考えれば、殺傷事件を起こした男性は事件直前まで友人たちとの交流もあったようだし、そこで「とにかく病院へ行け」などと言われるほどの著しい変容は示していなかったようだ（ただ、優生思想をにおわせる発言をとがめられることは、しばしばあったとの証言もある）。また、衆院議長に届けられようとした手紙は、内容はともかく、文章としては読めるものになっていた。

逮捕され勾留が続く現在も、男性は「突拍子もない信念」を改めるようすはない。そしてマスコミなどに宛てて手紙やイラストを書いては送るという行為を続けている。しかしやはり、文章の論理構成などに大きな破綻はないし、接見した新聞記者によると、実際に会う男性は礼儀正しく服装などにも乱れは目立たないという。もしなんらかの重篤な精神疾患であれば、何の医療も受けていないわけだから、長い勾留期間に進行することも考えられるだろう。それがないということは、やはり男性の残虐な殺傷行為の背景に精神疾患の存在を想定することはできないのではないだろうか。

2　容疑者はなぜ差別・優生思想にとりつかれたのか

では、どうして男性はこのような差別的、優生学的思想にとりつかれ、それを実際に行動に移したのだろうか。私自身は、その背景に「世界的に蔓延する差別的、優生学的思想」があるのではないかと考えている。そのことを検討する前に、ここでいったん目をアメリカに向けてみたい。

二〇一六年の選挙でトランプ大統領が誕生して以来、トランプ支持を表明していた白人至上主義者たち（KKKやいわゆる「ネオナチ」グループも含む）が勢いづき、二〇一七年八月には、彼らの大規模なデモ行進に抗議するために集まっていた人たちの中に極右の男が車で突っ込み、抗議側の女性が死亡するという事件にまで発展した。その後トランプ大統領は、白人至上主義・差別主義思想の持ち主たちを「その中にも良い人はいる」などとかばい、抗議する人たちをむしろ「その行動には問題もある」と非難するかのような発言をして大きな問題になった。

またトランプ大統領は、メキシコ国境からアメリカに正式な手続きを取らずに入国してくる人を防ぐため、国境に「壁を作る」と宣言し、実際にその建設が始まっている。さらに、それでも越境してこようとする人たちへの対策として「銃で足を撃ったらどうか」など、まさに「人を人とも思わぬ発言」を口にした。「アメリカ第一主義」を掲げて国内の支持者を熱狂させたトランプ大統領だが、そこで想定される「アメリカ人」とは「アメリカ経済に寄与できる、生産性の高い白人」なのではないだろうか。

このように、世界一の経済大国のトップが差別思想・優生学的思想を隠さず、それをあからさまに口にしたり実行に移したりしているという状況は、これまでの世界が経験してこなかったことだ。もちろん、これまでのアメリカ大統領の中にも、心の中ではトランプ大統領同様の、いやそれ以上の差別思想・優生学的思想の持ち主がいたかもしれないが、少なくとも彼らには「それをリーダーが公言することは倫理的に許されない」と判断するだけの分別があった。しかし、トランプ大統領が「思っていることを口にすることがなぜ悪いんだ?」とばかりに次々に問題発言をくりかえすうちに、メディアもいちいち驚いて報道することに飽き、人々の中にも「そう言われてみればそうだ。思っていることを隠して、きれいごとを言うのは偽善者だ」と、トランプ大統領の〝正直さ〟を肯定的に評価するという動きが広がっている。

「きれいごとを言っても仕方ない」「誰の心の中にも差別思想はあるのだから、それを隠さずに言うほうがむしろ正直で誠実な態度だ」という奇妙な考えは、アメリカにとどまらず世界に広まりつつある。いや、逆に世界のあちこちでそういった考えの萌芽が見られ、それが生んだ象徴的な存在がトランプ大統領だと言ってもよいかもしれない。

日本では長く「部落差別」という独自の差別問題があり、それへの取り組みを中心に人権教育がおこなわれてきた。また二〇一三年ごろからはジャーナリズムにおいて「ヘイトスピーチ」という単語もしばしば用いられるようになった。すでによく知られていることだが、この問題に詳しい弁護士の師岡康子氏によるヘイトスピーチの定義をここで紹介しておこう。

「ヘイト・スピーチとは、広義では、人種、民族、国籍、性などの属性を有するマイノリティの集団に対する『差別、敵意又は暴力の煽動』、『差別のあらゆる煽動』であり、表現による暴力、攻撃、迫害である」(師岡康子『ヘイト・スピーチとは何か』岩波新書、二〇一三年)

二〇一六年に日本で成立し施行されたヘイトスピーチ対策法は、その正式名称を「本邦外出身者に対する不当な差別的言動の解消に向けた取組の推進に関する法律」と言い、その通り、在日コリアンを筆頭にした日本以外の国・地域の出身者への「差別の煽動」の解消を目的としたものだ。しかし師岡氏の定義にもあるように、広義のヘイトスピーチは、外国人への差別だけを指すのではない。また、時としてこの「ヘイトスピーチ」がマスメディアで「憎悪表現」と直訳され、ただの暴言や罵倒と理解されることがあるが、それも正しくない。ヘイトスピーチとは、数や力においての多数者（マジョリティ）が、人種や民族、性の問題、さらには障害に代表されるような、自分でいくらそうしようとしても変えることができない属性を持つ社会的な少数者（マイノリティ）に対して、排除、権利の制限、憎悪や差別意識を煽ることを目的としておこなわれる、あらゆる表現行為なのである。この問題を長年取材しているジャーナリストの安田浩一氏は、その著作の中で、次のようにわかりやすく解説する。

「何度も繰り返すようだが、ヘイトスピーチを構成するうえで重要なファクトは抗弁不可能な『属性』や『不均衡・不平等な力関係』である。友人を罵ったことがヘイトスピーチであるわけがない」（安田浩一『ヘイトスピーチ』文春新書、二〇一五年）

くりかえすが、日本では部落差別問題以外の差別に対する取り組みは遅れがちであった。それが、それぞれの属性への差別解消に取り組む当事者や関係者の努力が積み重なって、二〇一〇年代になってようやく「差別はいけない」という規範がひとつの大きな声になろうとしていたのである。

ところが、その一方で、「差別を止めるな」という反動も続いた。法務省がおこなったヘイトスピーチに関する実態調査によると、二〇一二年四月から一五年九月まで、三年六カ月間に全国でおこなわれたヘイトスピーチデモや街宣活動の合計は一一五二件にのぼる。同実態調査報告書に記されている文章を引用すると、「ほぼ毎日、全国のどこかでそれらの団体によるデモ・街宣活動が行われていたという計算になる」。それらのデモでは、主に在日コリアンに対する〝悪口〟の域を超えて「出て行け」さらには「全滅させろ」「あぶり出せ」など、命を狙うようなフレーズも、口にされたりプラカードに書かれたりしているのである。

もちろん、二〇一六年に起きた障害者殺傷事件が、こういったヘイトスピーチデモの影響を受けたという裏付けはない。ただ、報道によると男性は大学卒業後、「強さ」にあこがれてタトゥーを入れたり、「弱い人たちには生きる権利はない」といった発言を友人らに漏らすようになったとされる。これはただの推測にすぎないが、この男性が、公道で大声で「排除の思想」を叫ぶヘイトスピーチデモや、ネットに溢れる「マイノリティは日本で生きる権利がないのだ」といった排外主義的な発言にどこかで接触し、その影響を受けた可能性は否定できないのではないか。実際に、SNSのアカウントでは極右系の活動家や言論人もフォローしていたようである。

3　医学における優生思想と、それに対する反省

最近になって、医療の場で起きていた優生学的思想に基づく行為にも大きな社会的注目が集まっている。これに関しては、私もある意味の〝当事者〟である。二〇代のとき、勤務していた札幌の精神科病院から別の病院に異動することになり、担当している患者さんたちにそれを告げたとき、当時四〇代になったばかりの女性から、こう言われたことがあった。

「先生は私みたいにならないでね。結婚もして子どもも産んでね」

彼女は一〇代でその病院に入院し、精神障害と知的障害があるということで強制的に不妊手術を受けていた。

「私みたいにならないで」には、「子どもを持って」という意味も含まれていたのだろう。

わが国では一九四八年に作られた優生保護法のもと、知的障害者や精神障害者、そしてハンセン病患者に対し、医師の判断で「優生手術」という名の不妊手術が強制的におこなわれてきた。根底にあったのは「不良な子孫の出生防止」という、まさに優生思想そのものだ。いったい何人に対して同意なしの手術がおこなわれてきたのか、全容はまだ明らかになっていないが、いま公表されている統計を都道府県別に見ると、北海道が二五九三人と、二位の宮城県（一四〇六人）を大きく引き離して一位である。私の勤務していた病院でも、かなりの数の女性患者さんがその手術を過去に受けていた。この法律の基本にある優生思想が差別につながるなどと批判され、障害者への不妊手術の項目を削除した「母体保護法」へと改定されたのは、なんと九六年になってからのことである。

実は、この強制不妊手術に注目が集まるようになった、ひとつのきっかけがやまゆり園事件であった。「障害者は不幸しか作れない」といった容疑者の考えが優生思想であるとして、日本の医療で長年おこなわれてきたこの行為があらためて思い起こされたのだ。二万人以上の精神科医が参加する日本精神神経学会学術総会の二〇一七年大会では、「旧優生保護法と精神科医療――津久井やまゆり園での殺傷事件がつきつけたもの」というシンポジウムが開催され、私も登壇して「差別の黒い炎はいまも社会の中で燃えさかっている」と、ヘイトスピーチデモなどの話をした。

そのような中、宮城県に住む六〇代の女性が、一〇代で強制的に不妊手術をされたことは憲法違反であるとして、国を相手に一一〇〇万円の支払いを求める初の国家賠償請求訴訟を起こし、同様の提訴が次々に続いた。最初に裁判に踏みきった女性は、「子どもを産み育てるという、憲法一三条で保障された自己決定権や幸福追求権を侵害された」としている（その後、一審では旧優生保護法の違憲性を認めつつも原告の請求は棄却）。この女性の場合、障害は遺伝性ですらないことが明らかになっており、子どもの養育も十分可能であったとみられている。医学的見地からも人道的見地からも、不妊手術は不適当であったのだ。

また、日本医師会、日本産婦人科学会、あるいは日本精神神経学会などの関連学会は、まだこの医学的事実を学会として認め、被害者や家族に正式な謝罪をおこなっていない。「いまさら」という声もあるかもしれないが、世界医師会がナチスの人体実験の反省からヘルシンキ宣言（人間を対象とする医学研究の倫理的原則）を採択したのは一九六四年になってからだ。そして、そこから三五年以上が経った二〇一〇年になってようやく、ドイツ精神医学精神療法神経学会（DGPPN）は、自分たちがナチス時代に障害者の大量虐殺を目的とする「T4作戦」に加担したことを正式に認め、謝罪した。二〇一二年五月に開かれたドイツ医師会大会でも、このような声明が発表された。

「私たちは、ナチ時代の医学の犯罪行為に対して医者が重大な共同責任を負うことを認める」

「被害者およびそのご子孫のことを思い起こし、許しを乞う」

また、二〇一〇年当時のDGPPN会長だったアーヘン工科大学のフランク・シュナイダー教授は、二〇一五年に大阪で講演した際、こう語っている。

「強制断種や殺人に精神科医が積極的に関与していたことを知ると、恥と怒りと悲しみでいっぱいになる。謝罪に七〇年を要したことを悔やむ」

こういった動きを見ると、差別思想・優生思想克服への取り組みには「これで終わり」という時はなく、また過去の過ちであっても、いつでもそれを認め、謝罪するのが再発の防止に不可欠であることがわかる。さらに、現場の当事者間だけではなく、何より社会あるいは組織のリーダー、トップに「差別や排除は許さない」という強い人権意識が求められることも明らかだろう。

差別思想、優生思想は許さない、あってはならない、とする動き。しかし、その一方で、差別や選別は人間の〝性《さが》〟なのだから、いまさら何をやってもなくならない、と開き直り、それを主張する動き。二つの大きな潮流がぶつかるところで、まさにやまゆり園事件は起きた。その意味で、これは決して特異な個人が起こした異様な事件ではなく、きわめて社会的な事件だったと考える。

また同時に、やまゆり園事件は、私たち精神科医のありかたも根本から問われる事件である。診察室の外で何が起きているのか。いま目の前にいる人が精神疾患でなければ、後は何もしなくてよいのか。過去に自分たちも優生学的な医療に携わってこなかったか……。残念ながら、精神医療からの応答はまだ十分とはいえない。これからも強く働きかけていきたい。

3　社会福祉施設における労働・生活権保障の現状と課題

鈴木　静（愛媛大学法文学部教授）

1　事件が社会に問いかけること——福祉施設における労働に焦点をあてて

あの津久井やまゆり園事件から三年が経過した。福祉施設に入居する知的障害のある人々の殺傷を目的に元福祉職員が侵入し、一九名が死亡、二七名が負傷した惨事であった。さらに衝撃を与えたのは、被告人男性が、犯行前から重度障害のある人たちを社会で不要な者と捉え、殺害を肯定する発言をくりかえしていたことである。そして現在もその主張を変えていない(*1)。

それにもかかわらず、憲法学をはじめとする法律学、社会福祉学、労働法学、精神医学等において、この事件の真相解明や再発防止について、活発な議論がなされないまま現在に至る。同時に、福祉現場でもこの事件が風化しつつあることを指摘せざるをえない。新たに入職する若手職員で事件を知らない者もめずらしくなく、働き続けている職員でも事件の記憶が薄れている状況である。私たちは、被告人男性が日本社会に突きつけた問題に、あらためて真正面から立ち向かう必要がある。

私たち日本社会保障法学会報告者グループは、事件の真相究明と再発防止を目的に調査研究を続けている。(*2) これまで被告人男性との面会のほか、被害者家族や利用者家族、津久井やまゆり園、神奈川県担当者等に、事件当時や現在に至るまでの経緯や意見、葛藤を聞き、研究成果の一部を二〇一八年五月に日本社会保障法学会第七三回大会ミニシンポジウムにて「障害のある人の人権と家族・にない手の人権」として報告した。(*3)

本稿では、社会福祉施設で働く労働者に着目する。人権は国によって保障されねばならず、社会保障制度の中でケアを提供する福祉労働者は人権のにない手にほかならない。それにもかかわらず、被告人男性が三年間にわたり福祉職員として働くなかで事件を計画し実行した点、また利用者家族の聞き取りでも「全国どこの福祉施設でも起こりうる」との意見が聞かれたこと等から、根本的に事件を問い直し、これからの人権のにない手にふさわしい福祉労働の方向性を考える必要があるからである。なお、本稿に続く矢嶋論文も同じ調査研究および学会報告を発展させたものであるので、あわせてご覧いただきたい。矢嶋論文とともに、調査研究に協力くださった利用者、家族、法人職員、自治体関係者等の皆様にお礼申し上げたい。

2　津久井やまゆり園と被告人男性の働き方

津久井やまゆり園は一九六四年に県立施設として開設されている。全国的には、一九七〇年前後に国公立でコロニーと呼ばれた大規模入所施設が続々と設立された。コロニーとは「障害の重い人が長期間居住し、そこで社会生活を営む生活共同体であり、また各種の機能を備えた諸施設が有機的に連携した総合施設」(厚生大臣諮問機関「コロニー懇談会」一九六五年九月）である。津久井やまゆり園はコロニーではないが、こうした時期に開設され、国内の障害福祉政策のもとで運営されてきた。二〇〇五年には神奈川県が指定管理者制度を導入し、現在に至るまで、かながわ共同会が指定管理者として運営している。

私たちの調査研究では、被害者家族および利用者家族等への聞き取りから、津久井やまゆり園はケアの質が高いと言われてきたことを確認している。同園には障害支援区分の高い障害のある成人が多く入所しており、また強度行動障害に対応できる地域の専門的拠点でもあった。職員の給与や夜勤等の労働条件も悪くない。そうした意味で、被告人男性が殺害を計画した契機は、劣悪な福祉や労働環境に耐えかねてのものではないことが特徴である。そして、それゆえにこの事件は深刻な問題をはらんでいるといえよう。

なぜ、元職員であった被告人男性が利用者を殺害するに至ったのか。この点につき、公表されている手記やインタビューを通じて働き方や人権等に関する意識を探った。被告人男性は、知的障害のために名前や住所、年齢を言えない人たちを「心失者」と定義し、人間ではないと主張する。「心失者」は家族や社会にとって迷惑であり、安楽死させるべきだと続ける。まさに、能力主義や優生思想につながる意識が色濃く読み取れる。被告人男性がこうした考えをもともと持っていたとしても、殺害を実行するまでに助長したのは、どのような要因だったのか。やまゆり園での勤務経験がどのように影響したのかが問われなければならない。

具体的に被告人男性は、どのような働き方をしていたのか。男性はやまゆり園での仕事を「楽だった」と話し、労働条件や待遇にまったく不満はなかったと言う。やまゆり園は障害者施設の中では働きやすいところだとして、楽な仕事の例えとして「見守り」について話している。利用者への「見守り」を「ただ見ているだけ」と捉え、「暴れたら押さえつけるだけ」だという。本来「見守り」は利用者の意思やペース、自主性を尊重し、自傷他害を防ぐ目的でおこなわれるもので、高度な専門性を求められる。しかし被告人男性は「ただ見ているだけ」にすぎなかった。専門性のかけらもない働き方が見てとれる。被告人男性が曲がりなりにも仕事ができていたやまゆり園のケアには、問題があったと言わざるをえない。

3　全国の福祉施設で起こりうる可能性

しかし、これは津久井やまゆり園だけの問題ではない。全国の福祉施設でも同様な状況にある。聞き取りに応じてくれたやまゆり園の利用者家族（男性・五〇代）は「びっくりしたけど、やっぱりそういうことが起きたな」と感じたと語った。(*4) 意味を尋ねると、どこの施設でも起こりうるとして、利用者が以前入所していた施設の状況を話してくれた。利用者の中には行動障害があり、言葉が出にくい人もいる。入所施設では家族の目も日常的には届かない。職員が少ない中で、利用者の行動を抑制するために暴力に頼ることもある。多くの家族は、利用者が暴力を受けたことを認識しても、施設から不利益を受けることを危惧して口をつぐまざるをえない。

私たちは、この問題の背景には、福祉施設における人員配置の問題があると考えている。すなわち、利用者一人ひとりに対応できる人員配置になっていないため、利用者「全体」を少数の職員で「見ている」だけで手いっぱいの現状がある。本来であれば、重度な障害のある人ほどマンツーマンかそれに近い人員配置で見守る必要があるのだが、現実はそうなっていない。そうだとすれば、「見守り」ができないことを職員個人の問題に収斂させてはならない。障害者支援施設における生活支援員数は、利用者比六対一から三対一にとどまる。これに対したとえばスウェーデンでは、施設は全廃しているが、地域の障害のある人向け住宅では、利用者比一対一で配置されている。(＊5)「見守り」ができない現状は、やまゆり園の個別の問題ではなく日本の福祉施設全般の問題である。これまで日本では、福祉施設で不十分な人員配置が常態化しており、福祉等の専門家ほど「やむをえないこと」と諦めてきたのではないか。本当にやむをえないことなのかを、あらためて問わなければならない。

4　指定管理者制度をめぐる課題

前述の通り、津久井やまゆり園は一九六四年に神奈川県立施設として開設され、二〇〇五年に指定管理者として社会福祉法人かながわ共同会が運営を開始している。被害者家族、利用者家族からの聞き取りでは、指定管理者制度の導入により職員の質が良くなったと評価されていることを確認している。しかし、職員の質とは何を指すかといえば、利用者家族にとって明確に言うことは難しく、自治体、受託法人、何より人権のにない手である福祉労働者の観点からも検討していく必要がある。

そして、もっとも重要なのは、指定管理者制度導入により県立の社会福祉施設運営の基盤が大きく変化したことで、ケアの質、職員の質に影響があったか否かである。元神奈川県職員である松尾悦行によれば、「かながわ共同会は県立社会福祉施設の運営を受託するために設立されていた法人です。その主目的は経費節減であり、そのターゲットは人件費です」とし、情報公開制度を使って指定管理以降の状況を調べ、批判的に分析する。具体的には「職員数の推移を調べたところ、削減された予算で職員数を維持するために、非常勤職員の割合が増えていました。また職員数を必要部署に重点配置するため、日中活動や地域サービスへのシフトが起こり、生活ホーム担当は減っていました(＊6)」と批判する。

指定管理者制度導入と非常勤職員割合の増加、ケアの質との関係については、私たちも、全国的な動向を踏まえつつ施設運営の現状を明らかにし、これらを法的課題として検討していきたい。

5　これからの福祉労働のありかた——ＩＬＯ看護職員条約を参考に

二〇一九年九月二二日、岡山県内で「相模原障害者殺傷事件から三年、生命の重みを問い、支援と人権を考える岡山集会」が開催された[*7]。障害関係の福祉施設や事業所の職員等が集まり、同様の事件の再発防止のために、福祉労働について幅広い議論がなされた。参加者らの発言から、福祉労働者の熱意に敬意をもつとともに、現在の社会福祉、労働政策で欠けているのは、福祉労働者が働く上での原理原則であるとの思いを強くした。

現在の日本では、福祉労働者の労働について、その専門性、固有性に配慮した特別法は存在しないし、国内で働き方のあるべき議論も乏しい。議論を提起するためにも、ここでＩＬＯ看護職員条約を紹介したい。

なぜ看護職員条約をとりあげるのか。同条約の正式名称は「Convention concerning Employment and Conditions of Work and Life of Nursing Personnel」である。「Nursing Personnel」の定義は「ナーシング・ケアとナーシング・サービスを提供するすべてのカテゴリーのもの」を指し、「働く場所の如何を問わない」とすることから、看護職員のみに限定されない。無資格者も含めて、ナーシング領域で働くすべての人たちを包摂する[*8]。このことから、本稿で取り上げた福祉労働者も当然に含まれる。

同条約は、一九七三年のＩＬＯとＷＨＯの合同会議での議論をふまえて、七七年に採択された。二〇〇二年にＩＬＯは、同条約が現実に対して依然として妥当性があること、すなわち「現代的な文書」であることを確認している。なお、二〇一六年段階で四一カ国が批准しているが、日本は批准していない。

同条約は、すべての人の「できる限り最高水準の健康を保障する」いわゆる健康権保障は、そのにない手たる看護職を魅力あるものとし、必要な量と質の看護を提供することによってのみ可能になると考えられるため、看護職の労働条件や社会保障についての国際的基準を設定し、労働者の権利と地位の向上を図ることを目的にしている。個別的な労働時間をはじめ看護職員の雇用、労働条件だけではなく、生活条件や教育についても定めている。劣悪な労働条件を引き上げて他の労働者並みにするだけでなく、人間の生命を対象とし、二四時間途切れることない労働の特質を考慮して、特別の保護、基準の引き上げを定めている。

ここでは他の労働者並みにするのをマイナスα、労働の特質を考慮した特別の保護等をプラスαと呼びわける。日本では、これまで福祉労働についてはマイナスαの指摘はあったものの、プラスα、すなわち労働の特質を考慮した特別の保護や基準を引き上げるという発想が乏しかった。また、条約は、生活条件や社会保障についても定めている。看護職員は、看護職員以外の者と同等な社会保障を受けられるとともに、社会保障については看護職員の業務の特殊性も考慮されるべきとする。ここでも特別の保護を定めている。

この看護職員条約を参考に、社会福祉分野で働くすべての労働者の役割や責任、そして障害のある人の自己決定を支えるケアの実現のための議論を始めるべきである。

おわりに

津久井やまゆり園殺傷事件から、障害のある人の人権保障の具体化が問われ、その実現が可能になる社会福祉法制、労働法制のありかたが問われている。被告人男性の働き方からは、知的障害のある人のケア水準と福祉労働の現状が浮かび上がってきた。これらを踏まえ、本稿では労働権保障に着目し、指定管理者制度の検討、ILO看護職員条約の検討を提起した。今後も私たちは諸課題の具体的な法的検討を進めていきたい。

注

＊1　月刊『創』編集部編『開けられたパンドラの箱——やまゆり園障害者殺傷事件』（創出版、二〇一八年）参照。

＊2　調査研究メンバーは金川めぐみ（和歌山大学）、矢嶋里絵（首都大学東京）、井上英夫（金沢大学名誉教授）、木下秀雄（龍谷大学）、鈴木靜（愛媛大学）である。

＊3　一連の報告については、日本社会保障法学会編『社会保障法』第三四号（法律文化社、二〇一八年）五一七一頁に掲載されているのでご覧いただきたい。拙稿は「社会福祉施設および人権のにない手としての福祉労働者——津久井やまゆり園殺傷事件を契機に」（二一七—四五頁）。

＊4　矢嶋里絵・鈴木靜・金川めぐみ「津久井やまゆり園利用者家族聞き取り調査報告」（『人文学報社会福祉学』第三五号、二〇一九年）一〇五—一四八頁。

＊5　たとえば福地潮人「スウェーデンの地方自治体における福祉サービス供給体制の現状について——ソルナ市の障害者福祉サービスを事例に」（『中部学院大学・中部学院大学短期大学部研究紀要』第一三号、二〇一二年）六六頁。

＊6　松尾悦行「津久井やまゆり園事件再考」（『福祉のひろば』第五九二号、二〇一九年）三二頁。

＊7　「相模原殺傷三年　再発防止へ背景探る　岡山で集会　ジャーナリストら議論」山陽新聞、二〇一九年九月二三日。

＊8　寺田博「『合理的な「看護・介護」職員構造』の確立をめざして——ILO『看護職員条約』から何を受け継いでいくのか」（『月刊国民医療』第二六三号、二〇〇九年）二七—二八頁。

［付記］本稿は拙稿「社会福祉施設および人権のにない手としての福祉労働者——津久井やまゆり園殺傷事件を契機に」（『社会保障法』第三四号、二〇一八年）から一部抜粋し加筆したものである。

4　障がいのある人と家族の人権保障の現状と課題

矢嶋里絵（首都大学東京人文社会学部教授）

はじめに——知的障がいのある人と家族の人権

津久井やまゆり園事件を契機として、さまざまな人々の人権のありようが問われている。そのうち社会福祉労働者の労働・生活権保障について検討したのが前章の鈴木論文である。続く本稿では、障がいのある人(*1)の中でもとくに人権侵害状況が深刻な知的障がいのある人と、ケアの社会化の遅れゆえに負担を強いられている家族に焦点をあて、かれらの人権保障をめぐる問題の所在を明らかにし、問題解決の糸口をつかみたい。

「優生上の見地から不良な子孫の出生を防止する」（一条）と定めた旧優生保護法に基づく強制不妊手術はその象徴的な例であるが（二〇一九年五月二八日仙台地裁判決）、障がいのある人の中でもとりわけ知的障がいのある人は、能力主義に基づく差別による人権侵害を受けやすい。また家族も、依然「福祉における含み資産」（一九七八年度『厚生白書』）と捉えられ、「援助者」としての側面のみが重視される一方、「生活者」としての側面は軽視され[*2]、人的サービス・経済・就労支援、情報保障、差別禁止等は未解決の課題[*3]であり、人権が保障されているとは言い難い。

1　関係法における「知的障害者」と家族の位置づけ

(1)「知的障害者」

一九六〇年制定の「精神薄弱者福祉法」は、判定方法・基準が統一・確立されていないことや、法の適用を受けられなくても直ちに著しい不利益・権利侵害とならないこと[*4]を理由に、「知的障害者」(当時は「精神薄弱者」)について定義しなかった。制定から約六〇年を経て、いまだ定義規定を有しないことは、まさに知的障がいのある人に関する施策の遅れ、ひいては権利侵害の一因といえ、早急に定義規定を設ける必要がある。その際に留意すべきは、社会モデルに立脚した「知的障害者」理解であろう。というのは、前述の通り知的障がいのある人の人権が侵害されやすいのは能力主義によると考えられるのであるが、「『重度の知恵遅れ』という能力『不全』」についても、それは「『障害者』の、例えば非言語的・身体的コミュニケーションを了解するには、社会全体の文化がその質・方向性一切において、いまだ貧困であることとの関係において能力『不全』なのである」とする竹内[*5]の社会モデルに立つ定義が求められるためである。なお、この点からして、能力に応じた支援しかおこなわないと解されるおそれのある現行社会福祉法三条「その有する能力に応じ自立した日常生活を営むことができるように支援する」は見直しが求められる。

(2) 家族

福祉法関連条文を整理すると、「費用徴収対象者」としての扶養義務者(知的障害者福祉法二七条、児童福祉法五六条、精神保健福祉法三一条)、「保護義務遂行者」としての保護者(精神保健福祉法)は従来からあるが、法文上「家族への支援」を明記したのは二〇〇四年の発達障害者支援法(一三条)が初である。その後、二〇一一年障害者虐待防止法(一四条)は養護者の支援を、また二〇一一年改正障害者基本法(二三条)は家族に対する相談・支援等を規定した。しかし、発達障害者支援法は理念法にとどまる。また、障害者虐待防止法における養護者支援は、被虐待者である「障害者の権利利益の擁護に資する」(一条)ためにおこなわれる「達成手段にすぎ[*6]」ず、養護者の権利利益の擁護自体は目的としていない。さらに障害者基本法も、家族の権利保障を明示的に目的としていない。だが、国際人権規約A規約一〇条1項は、締約国は「できる限り広範な保護及び援助」を家族に保障すべきことを定め、また憲法二四条は、家族に関する法律は「個人の尊厳と両性の本質的平等に立脚して制定されなければならない」と定めている。たとえば介護者支援について定めるイギリスのCare Actのように、介護者自身の権利を保障する必要がある。

2 津久井やまゆり園事件が問いかけるもの

(1) なぜ施設なのか

①本人以外による施設選択

知的障がいのある人の施設入所率はとくに高く[*7]、しかも施設利用は、本人以外の者の選択による場合が圧倒的に多い。[*8] ちなみにアメリカでは、必要性のない施設入所はADA（障がいのあるアメリカ人法）が禁ずる差別であるとして、希望しない者に地域生活を強制することはないが、障がいのある人が地域生活を希望する旨の積極的な意思表示をしなくてもよいこと、障がいのある人が地域生活をするのにその両親・保護者が反対しても問題にならないことを指摘した1999.6.22 Olmstead v. L.C., 連邦最高裁判決（527 U. S. 581）は示唆的である。また、カリフォルニア州Lanterman Act 四六八九条（a）は、障がいのある人は障がいのない人の通常の生活様式において支援を受けるべきこと、誰とどこで暮らすのかは障がいのある人が決めるべきであること、障がいの種別や重さを理由にサービス提供から排除されることはないこと等[*9]を定める。

②施設選択理由

なぜ家族は施設を選ぶのか。先行研究は、「『成人期』というモデル・ストーリーの不在[*10]」や、施設福祉サービスへの安心をはじめとする「移行の取り組みに対する否定的態度[*11]」を理由に挙げている。やまゆり園（以下「園」という）利用者家族の「園は家族にとっては苦労の末、やっとたどりついた場所であり、本人にとってかけがえのない暮らしの場、家である」（第八回津久井やまゆり園再生基本構想策定部会、二〇一七年五月二九日）という発言の背景には、支援を得られず孤立し、介護負担の限界を迎えた末に、苦悩しつつ、安心できる場として施設を選択した家族の切実な実態がある。「親の……思いや行動もまた、社会モデルで捉えてもらうことはできないでしょうか。『親が一番の敵にならざるを得ない社会』に共に目を向けてもらうことはできないでしょうか[*12]」という問いかけは重い。

(2) 入所施設の構造的問題とは何か

筆者らが実施した聞き取り調査では、園のケアの質を評価しつつも、事件発生を聞いて「やっぱりそういうことが起きたなって感じ」「今でもまた起こり得る……そういう土壌はありますから[*13]」という園利用者家族の意見があった。かねてよりE・ゴッフマンの『アサイラム』[*14]の全制的施設の特徴としても述べられているが、入所施設の生活には、内部だけでの生活の完結や社会的な隔離といった問題がある。[*15]こうした問題を生み出す背景には、「永遠の子ども」として知的障がいのある人を位置づけ、「保護」に偏重したわが国の入所施設拡充路線政策[*16]があったといえよう。

(3) 地域生活のために何が必要か

一九八〇年代以降、わが国は障がいのある人に関する政策の重点を施設から地域へと移すが、知的障がいのある人の地域移行は進んでいない。やまゆり園でも、八年間(二〇〇九―二〇一六年)で地域移行した人は計一六名[*17]である。

障がいのある人の権利条約一九条は、障がいのある人が地域社会で生活する平等な権利を認め、締約国はこの権利の享有につき効果的かつ適切な措置をとることを定める。だが、「全て障害者は、可能な限り、どこで誰と生活するかについての選択の機会が確保され、地域社会において他の人々と共生することを妨げられないこと。」と定める障害者基本法三条2号は、「可能な限り」という留保つきであり、選択機会の確保は国や地方公共団体の裁量に委ねられ、本条を根拠に支援請求権を行使できないと解されている。[*18]しかし、憲法二二条1項の居住・移転の「自由の保障は、国がその自由の行使を妨害しないというだけでは足りず、移動しないで住み続けるための諸条件を満たすという積極的保障をも内容とする」[*19]。障がいのある人の権利条約一九条の趣旨に鑑み、「地域社会で自立して生活する権利」を法文上明記し、その権利の具体的内容について規定することが重要である。

地域生活保障の課題は多岐にわたるが、紙幅の関係上、以下に限定して述べる。

①選択肢の確保

「意思決定支援よりも受け皿の整備を」という利用者家族の声[*20]は、意思決定の前提となる選択肢の不足を指摘したものである。大阪障害者センター調査でも、制度の貧しさゆえに「別の選択肢を持てず」[*21]、現状を肯定してしまう実態が明らかにされている。家族に依存せず、社会から孤立せず、障がいのある人が自ら希望する場で生活するには、複数の選択肢が用意される必要がある。加えて、選択肢に関する経験の機会の保障も重要である。[*22]

②情報保障

選択するには選択肢に関する情報が不可欠である。以前は「施設とグループホームしか知らなかった」が、重度訪問介護制度の存在を知ったことを契機に「アパート暮らし……は、本来の人間の暮らしの原点」と考え、地域移行準備をはじめた園利用者家族[*23]の例は、情報不足がいかに選択の幅を狭めてしまうのかを物語っている。

③意思決定支援

障がいのある人は「意思決定しないということではなく、過去の負の経験から（あるいは経験の不在から）、自己決定できなくなっている」[*24]のであり、障がいのない人と比べ「認知障害を持つ人々のみが未だに十分な支援を与えられていない」[*25]ことは問題である。園利用者家族は「誰がどのようにどの程度時間をかけて意思決定支援を行うのか明らかにしてほしい」「施設入所期間が長期の人には難しい」[*26]と述べているが、意思決定支援方法の確立と、長期入所者も含め意思決定能力存在推定原則に基づいた支援が求められる。

障がいのある人の権利条約一二条は、全生活分野において他者と平等な障がいのある人の法的能力の享有を認め、能力行使に必要な支援の確保は締約国の責務であるとする。イギリスMental Capacity Act（意思決定能力法）は、自己決定支援の優越性、必要最小限の介入の原則、意思決定能力存在推定の原則に立ち、まず本人自ら決定できるよう支援することに最大の努力を尽くすが、あらゆる努力を尽くしても本人自身による決定が不可能な場合のみ「例外的に、必要な範囲で……『代行決定』……への移行が許される[*27]」とする。またスウェーデンLSS法（障がいのある人に対する援助とサービスに関する法）は、支援・サービス内容の決定に際して可能な限り本人の意思を尊重し、本人との共同決定がなされなければならないことを定める。

わが国では、二〇一一年改正障害者基本法（二三条）、二〇一二年障害者総合支援法（四二条）、二〇一二年改正知的障害者福祉法（一五条の3）で「意思決定の支援」を規定する。しかし、こうした法は、意思決定支援の定義や支援方法に関する規定を有していない。これらを内容とする意思決定支援法の立法化が求められる。

知的障がいのある人も家族も、自らの生を生きる権利主体たることを実質的に保障するために、法はいかにあるべきか、今後さらに考察を深めていきたい。

注

＊1　本稿では、法令名等を除き「障がい」「障がいのある人」と表記している。これは「一九八一年の国際障害者（Disabled Persons）年から、二〇〇六年『障害をもつ人（Persons with Disabilities）の権利条約』へ」という「人権保障発展の歴史」（井上英夫ほか編著『障害をもつ人々の社会参加と参政権』法律文化社、二〇一一年、はしがき）を踏まえたものである。なお、「障がい」としたのは、「障害」に伴う負のイメージに不快感や問題意識を抱く関係者が存在すること（平成二二年一一月二二日「障害」の表記に関する作業チーム「『障害』の表記に関する検討結果について」内

閣府障がい者制度改革推進会議資料、七頁）による。

＊2　大島巌「生活基盤を支える援助サービス」（大島ほか編『障害者福祉とソーシャルワーク』有斐閣、二〇〇一年）一一七―一一八頁。

＊3　矢嶋里絵「障がいのある子どもの育児と家族支援」（古橋エツ子ほか編『家族法と社会保障法の交錯』信山社、二〇一四年）。

＊4　厚生省社会局更生課編『精神薄弱者福祉法　解説と運用』（新日本法規出版、一九六〇年）一二八―一二九頁。

＊5　竹内章郎『いのちの平等論』（岩波書店、二〇〇五年）一五三頁。

＊6　湯原悦子「イギリスとオーストラリアの介護者法の検討」（『日本福祉大学社会福祉論集』第一二二号、二〇一〇年）四二頁。

＊7　「身体障害者」の施設入所者割合一・七％、「精神障害者」の入院患者割合七・二％に対して「知的障害者」の施設入所者割合は一一・一％である（内閣府『令和元年　障害者白書』二三二頁）。

＊8　施設入所を「自分で決めた」のが五・一％であるのに対し、「自分以外の人が決めた」は七七・四％に上る（大阪市『平成二八年度　大阪市障がい者等基礎調査報告書』二〇一六年、一九一頁）。回答者の障がい種別は知的障がい八七・五％（複数回答）。

＊9　岡部耕典『ポスト障害者自立支援法の福祉政策』（明石書店、二〇一〇年）五三―五四頁。

＊10　麦倉泰子『施設とは何か』（生活書院、二〇一九年）一一二頁。

＊11　鈴木良「知的障害者入所施設A・Bの地域移行に関する親族の態度についての一考察」（『社会福祉学』第四七巻一号、二〇〇六年）四六―五八頁。

＊12　児玉真美『殺す親　殺させられる親』（生活書院、二〇一九年）二六四頁。

＊13　矢嶋里絵・鈴木静・金川めぐみ「津久井やまゆり園利用者家族聞き取り調査報告」（『人文学報社会福祉学』第三五号、二〇一九年）一三六頁。

＊14　E・ゴッフマン『アサイラム――施設被収容者の日常世界』（石黒毅訳、誠信書房、一九八四年）。

＊15　前掲、麦倉（二〇一九）二六四頁。

＊16　角田慰子『知的障害福祉政策にみる矛盾』（ぷねうま舎、二〇一四年）一二九、二〇一頁。
＊17　社会福祉法人かながわ共同会「津久井やまゆり園の概要について」二〇一七年一二月一日（筆者らの訪問時の説明資料）。
＊18　二〇一一年四月一八日、第三一回障がい者制度改革推進会議における斎藤馨企画官答弁。
＊19　井上英夫『住み続ける権利』（新日本出版社、二〇一二年）一四三頁。
＊20　前掲、矢嶋・鈴木・金川（二〇一九）一二八頁。
＊21　大阪障害者センター『知的障害者の暮らし実態調査報告』（二〇一〇年）一七頁。
＊22　「穏やかな表情と言葉を取り戻しつつある」という元園利用者・松田智子さんに対する支援実践は、経験の蓄積の重要性を示している。渡邊琢『障害者の傷、介助者の痛み』（青土社、二〇一八年）三八五―三八九頁。
＊23　「津久井やまゆり園事件を考え続ける対話集会」における利用者家族・尾野剛志さんの発言。『飢餓陣営』四九号（二〇一九年）一〇八頁。
＊24　渡邊琢「『新しいこと』は、なぜ困難なのだろうか？」（『賃金と社会保障』第一七二一・二二号、二〇一九年）九頁。
＊25　熊谷晋一郎「支援付き意思決定支援」（『障害学研究』第一四号、二〇一八年）六七頁。
＊26　前掲、矢嶋・鈴木・金川（二〇一九）一二九―一三〇頁。
＊27　菅富美枝「イギリスの成年後見制度」（新井誠ほか編『成年後見法制の展望』日本評論社、二〇一一年）。ただ実際には、代理代行決定に移行しているケースが多いことを、二〇一七年総括所見が指摘している（上山泰「法的能力」長瀬修・川島聡編『障害者権利条約の実施』信山社、二〇一八年、二〇四頁）。

［付記］本稿は矢嶋「知的障がい者の意思決定・自立・地域生活」（『社会保障法』第三四号、二〇一八年）から一部抜粋し加筆したものである。

5　国と地方自治体は障害のある人のいのちと暮らしを守れるか

石川　満（ＮＰＯ法人多摩住民自治研究所理事）

1　指定管理者制度と社会福祉法人制度の課題

(1) 指定管理者制度と地方自治法

やまゆり園事件が起きた施設の運営法人「社会福祉法人かながわ共同会」は、二〇〇五年四月に、神奈川県の社会福祉施設では第一号となる指定管理者制度により同施設の運営を受託した。二〇一五年四月には指定管理者制度の再受託をしており、その期間は二〇二五年三月三一日までの一〇年間である。指定管理者制度とはどのようなもので、また「かながわ共同会」などの運営にどのような影響を与えたのか、限られた範囲であるが考察してみたい。

公の施設の管理についての指定管理者制度は、地方自治法の一部改正（二〇〇三年九月二日施行）により導入された。また、改正前の規定により管理委託している施設については、施行日から三年間の経過措置期間中に指定管理者制度に移行することとなった。

それまでの公の施設についての管理委託制度は、地方公共団体が出資している法人、公共団体、公共的団体と対象が限定されていたが、この制度では「法人その他の団体」で「地方公共団体が規定するもの」と特段の制限は設けられていない。要するに、営利法人であってもＮＰＯ法人であっても、公の施設を管理することができるようになったのである。

総務省のホームページでは、指定管理者制度の目的について、民間事業者の活力を活用した住民サービスの向上、施設管理における費用対効果の向上、管理主体の選定手続きの透明化を挙げている。要するに、民間活力による費用対効果の向上を目的としているのである。

地方自治体(*1)が公の施設の管理を指定管理者に委任する際には、指定管理に関する条例を定め、管理者の指定にあたっては議会の議決が必要である。指定管理者は毎年事業報告書を作成し、地方自治体に提出しなければならない。このほか、地方自治体は報告を求め、実地に調査し、必要な指示をすることができる旨、地方自治法では定められている。しかし自治体の議会では、新規の指定時や再指定時には審議がなされるものの、毎年の事業報告書についてはほとんどその内容を議論されていないと思われる。

二〇一九年現在までに、狭義の社会福祉施設については、一部の公立保育所(*2)を除いてほとんどが指定管理者制度へ移行したのではなかろうか。これらの施設は、住民が納めた貴重な税を主な財源として整備・運営されてきたのにもかかわらず、結局、地方自治体による行政経営の効率化、職員（社会福祉専門職を含めた）定数の削減、運営経費の削減のために指定管理者制度は利用されている。しかも、いったん指定管理にしてしまえば住民自治の視点からのチェックは入りにくくなる。一人ひとりの利用者の権利や生活を守るという観点は、たとえ委任の際の契約上では謳われていたとしても、いったん指定管理に移行してしまえば組織内でそのことが議論される機会は少なく、無責任な体質になりやすい。筆者の個人的意見としては、指定管理者はその自治体の議会にも事業報告書を提出し、説明することを契約上明確にすべきである。

(2) 公の施設の指定管理者制度の導入状況

総務省によると、二〇一八年四月一日現在における公の施設の指定管理者制度の導入状況等の概要は、以下の通りである。

指定管理者制度が導入されている施設は、七万六二六八施設（都道府県六八四七施設、指定都市八〇五七施設、市区町村六万一三六四施設）である。施設の区分としては、レクリエーション・スポーツ施設一万五二一五、産業振興施設六五一四、基盤施設（公園・公営住宅・駐車場、水道施設・下水道施設、港湾施設等）二万六四三七、文教施設一万五五六三、社会福祉施設一万三二三四（一七・二%）となっている（一部重複あり）。なお、社会福祉施設には病院、診療所、介護支援センター、福祉・保健センター、児童クラブ、学童館等を含めており、社会福祉法に規定する（狭義の）社会福祉事業を運営する施設がいくつあるかの統計は示されていない。

運営している法人の種別は、全体の二一・二%が株式会社、二五・四%が特例民法法人および一般社団・財団法人、公益社団・財団法人等である。社会福祉施設について見ると株式会社七〇四（五・三%）、特例民法法人および一般社団・財団法人、公益社団・財団法人等一六〇三（一二・一%）、地方公共団体二一（〇・二%）、公共的団体（社会福祉法人、協同組合等）七三一四（五五・三%）、地縁による団体一八七七（一四・二%）、特定非営利活動法人八七六（六・六%）、その他八三九（六・三%）となっている。社会福祉法に規定する社会福祉事業を運営している法人については、その多くが公共的団体と思われる。

指定管理者の評価の実施状況については、評価を実施している施設数は六万一五二四（八〇・七％）、うち外部有識者の視点を導入した評価は二万一九二四（二八・七％）となっている。指定時および再指定時に管理者の評価をおこなうのは当然だが、毎年定例的に評価しているかについての資料はない。学識経験者や地域の関係者などによる外部有識者の視点を導入した評価は三割に満たず、これを高めていかなければならない。

また、指定管理者の取り消し等の事例は、二〇一五年四月二日から二〇一八年四月一日のあいだで六八三あり、そのうち一二六施設が直営に戻されている。施設の区別は示されていない。

指定管理者制度への移行にともない社会福祉施設の運営費にどのような影響があったかについては、まとまった資料はない。全体的な傾向としては、移行前に地方自治体の費用によって施設の整備や大規模改修をおこなっている場合が多い。その上で、移行直後は従前の運営費を保障するものの、徐々にそれが削減され、数年後には社会福祉事業による給付費だけで運営するようになるのが通例である。

このように、公の施設の指定管理者制度への移行は事実上運営費の削減をもたらすものであり、結果として指定管理者にとっては、常勤職員の給与水準を改善することは困難であり、それが非常勤職員数の増加をもたらしている。しかし、指定管理を実施していない社会福祉法人と比較すると、施設整備費の資金調達を心配する必要はなく、減価償却費も計上する必要がないなど、運営費の面では有利である。したがって、今後は基本となる財産を社会福祉法人等へ移譲する事例も増えてくるのではないかと思われる。そのことにより地方自治体は施設整備や指定管理料の支払いが不要となるからである。

社会福祉法人かながわ共同会では、事件を契機に神奈川県から指定管理業務の改善について勧告を受け、二〇一六年一二月二六日に改善計画書を県に提出している。平成三〇年度事業報告書を見ると、県からの指定管理料の精算金は、夜間職員配置体制加算一九五五万二六一二円、栄養士配置加算一〇七万三八〇四円、常勤職員等配置加算一四七三万六二五八円の合計三五三六万二六七四円となっている。要するに、県からそれだけの指定管理料が支払われているのである。なお、この精算については、平成二九（二〇一七）年一一月七日の神奈川県議会決算特別委員会における疑義の提示を踏まえたものである。このように、事件を契機として改善勧告や指定管理料の精算がなされたのである。一般的には、県や市町村からの支出金があれば議会のチェックがかかるが、支払いがなく障害者制度の給付金だけで運営する場合は、特別な定めがない限り議会の関与は難しい。

平成三〇年度事業報告書によると、社会福祉法人かながわ共同会の職員数は八五〇名で、その内訳は正規四一二名、臨時任用二六名、非常勤四一二名となっている。

（3）社会福祉法人かながわ共同会と社会福祉法人制度改革

①法人の運営全体について

社会福祉法人かながわ共同会の組織は次頁の図のようになっている。拠点施設は四カ所あり、そのうち秦野精華園は神奈川県から移譲されたもので、厚木精華園、愛名やまゆり園、津久井やまゆり園は県からの指定管理である。これらの拠点施設では、多数のグループホームやさまざまな事業を運営しており、事業全般を統括するための統括管理室がある。

やまゆり園事件直前の状況をみると、二〇一五年四月には津久井やまゆり園の指定管理の再受託、二〇一六年四月には厚木精華園、愛名やまゆり園の再受託、二〇一七年四月には秦野精華園の県からの移譲などがあり、こ

図　かながわ共同会の組織

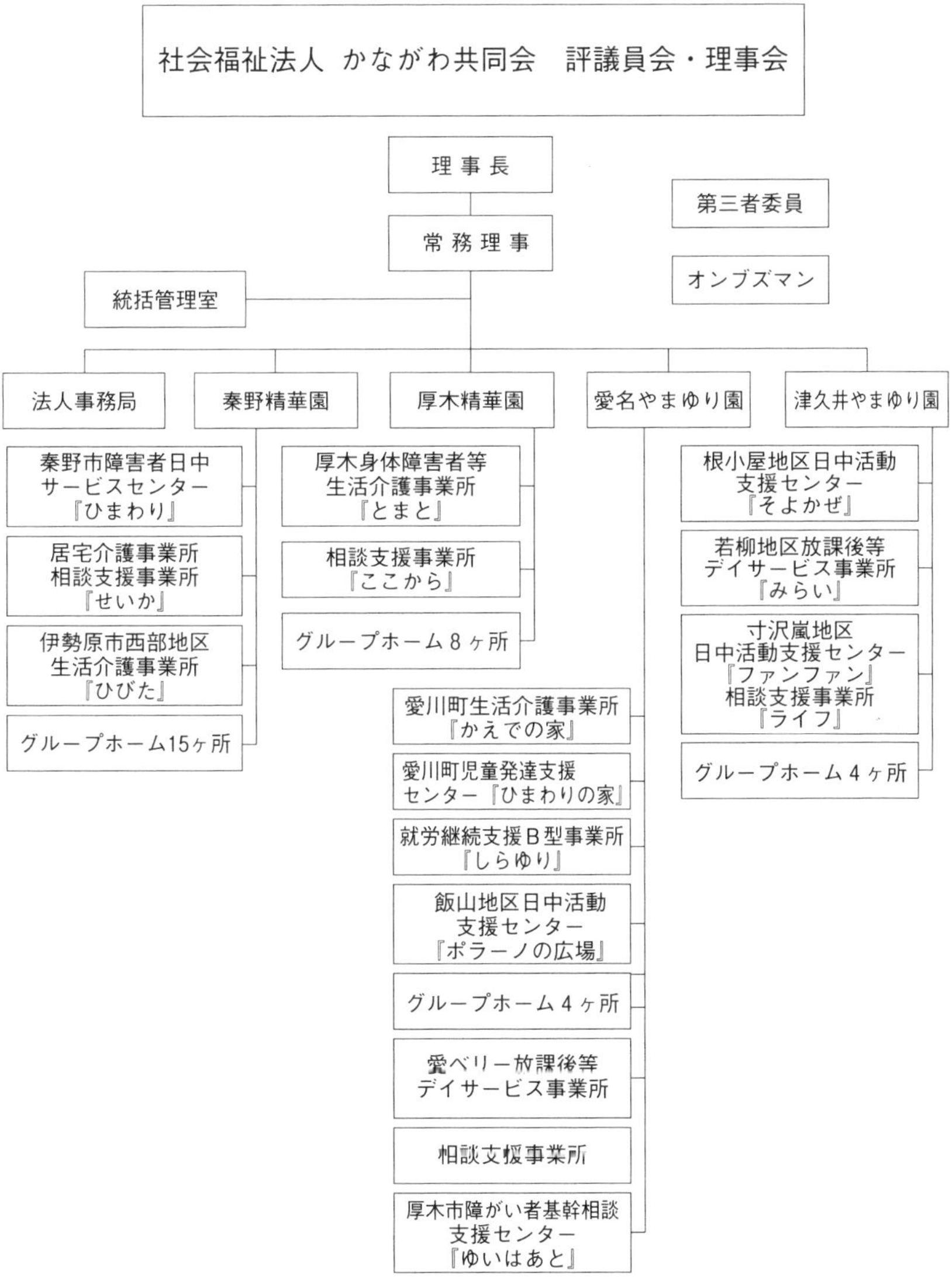

（同会ホームページより）

のほかにも厚木市基幹相談支援センターや厚木市相談支援事業の受託開始などもあり、そのための準備作業により相当に多忙であったものと思われる。

法人として定めた職員行動指針の中では、五本の柱の第一に「人権の尊重」を掲げ、人権委員会・虐待防止委員会も設置されている。職員研修も計画的かつ階層別に実施されており、法人全体のシステムとしては整備されているといえる。しかしながら、多数の職員数を抱え、その中心となる職務は障害の重い人たち一人ひとりの特性に応じた生活と命を守る専門的援助である。さまざまな課題も現場では生じていた可能性は否定できない。とくに、多数にのぼる非常勤職員等にこれらの理念を徹底することには、現実問題として無理もあったはずである。

②社会福祉法人制度改革と法人理事に関する問題

二〇一九年六月二四日からの理事構成（任期二年）を見ると、理事七名中五名が「かながわ共同会」関係者となっている。具体的には、法人理事長（草光純二）、統括管理室長兼法人事務局長、秦野精華園園長、厚木精華園園長、津久井やまゆり園園長である。他の理事二名は、相模原市内の社会福祉法人理事長と、社会福祉士事務所所長である。

二〇一六年六月二三日からの理事構成は、理事八名中六名が「かながわ共同会」の関係者であった。現在の関係者に加え、愛名やまゆり園園長が就任していた。

理事会は法人運営の要となるものであり、法人業務の決定機関である。このような重要な機関において法人内部の主要な役職者が多数を占めることは、法人の運営に関する決定をスムーズにし、このことは社会福祉法上も問題はない。しかし、法人をできるだけ民主的に運営するという視点からは、幅広い理事構成が求められている。たとえば利用者や親の会の代表、幅広い地域の関係者等を含めて理事構成を検討することが望ましい。しかし、かながわ共同会においては、地域の関係者は二名にとどまっており、当事者を代表する理事はいない。議決機関として評議員会を設置はしているものの、当事者の会からの参加は一名にとどまっている。

このような法人理事会構成となったのは、二〇一六年三月に成立し、二〇一七年四月から施行された社会福祉法等の一部改正によるものである。この改正は、社会福祉法人制度について、経営組織のガバナンスの強化、事業運営の透明性の向上等をめざしたものである。

改正前の社会福祉法人審査基準には、社会福祉施設の整備または運営と密接に関連する業務をおこなう者が理事総数の三分の一を超えてはならないこと、施設経営の実態を法人運営に反映させるため一人以上の施設長等が理事として参加すること、ただし、評議員会を設置していない法人では理事総数の三分の一を超えてはならない、とされていた。改正前から多くの社会福祉法人が評議員会を設置済みであったが、各法人ではさまざまな関係者による理事構成とし、そこで意思決定をすることが尊重されていた。

改正後の審査基準ではこれらが撤廃され、法人の施設を運営する管理者が入らなければならないとされ、三分の一条項がないので、法人の理事長、業務執行理事（常務理事や統括本部長など）、各管理者（施設長）を中心に構成されることとなった。区域の社会福祉事業の役職員およびボランティア活動をおこなう団体の代表者については、改正前と同様に理事として加える必要がある。実際の理事会の運営は多数決によりおこなわれるので、法人関係者が多数を占めるほうが迅速な決定ができることになる。もちろん評議員会での議決を求めるので、理事会決定はできるだけ迅速であるべきという考え方も理解できる。しかしながら、このような意思決定にもできるだけ多様な意見を反映させるのが民主的な経営である。

かながわ共同会の定款では、地域の代表者、利用者または利用者家族の代表者、その他理事長が適当と認める者からなる運営協議会を置くこととしている（委員総数は二四名）。このような運営協議会が本来的な機能を発揮すれば、利用者・家族・地域に開かれた運営が確保できる可能性がある。しかし、法人の平成二九年度および平成三〇年度の事業報告書、平成三一年度事業計画書を見ても、この運営協議会についてはまったく触れられていない。

厚生労働省が主導する社会福祉法人制度改革においては、大規模化の方向性が提示されている。これらの改革は、法人運営の効率化のみがめざされ、社会福祉事業が障害者をはじめ、さまざまな人々の「いのち・くらし」を守り、それぞれの人の自己実現や発達保障を第一の目的とするという観点が欠落している。かながわ共同会のような大きな組織は、むしろ地域ごとに法人を分割し、その地域の人々や行政と密接につながり、それぞれの人にきめ細かくかかわれるようにすべきではなかろうか。

なお、二〇一九年一〇月一六日、愛名やまゆり園の元園長が、女子児童に対する性的暴行の疑いで逮捕されている。同年八月まで園長を務めていたが、事件発覚後園長を辞したようである。同園長はかながわ共同会の理事も経験している。

2 「障害者に関する世論調査」について

内閣府では五年ごとに、「障害者に関する世論調査」を実施している。平成二九（二〇一七）年に実施された調査は、日本国籍を有する一八歳以上の者三〇〇〇人を対象に実施され、有効回収数は一七七一（五九・〇％）であった。この調査の結果から、共生社会の周知度、障害者権利条約の周知度、障害者差別解消法の周知度につい

表　「障害者に関する世論調査」結果より

(1)「共生社会」の周知度	平成29（2017）	平成24（2012）
知っている	46.6%	40.9%
言葉だけは聞いたことがある	19.6%	24.2%
知らない	33.7%	35.0%

(2) 障害者権利条約の周知度	平成29（2017）	平成24（2012）
条約の内容を含めて知っている	3.4%	2.2%
内容は知らないが、条約ができたことは聞いたことがある	17.9%	15.8%
知らない	77.9%	81.5%

(3) 障害者差別解消法の周知度	平成29（2017）
法律の内容を含めて知っている	5.1%
内容は知らないが、法律ができたことは聞いたことがある	16.8%
知らない	77.2%

てみると、表のような結果であった。

共生社会については、「知っている」と「言葉だけは聞いたことがある」と答えたのは三分の二（六六・二％）となっているが、知らないと答えたのが三分の一（三三・七％）となっている。しかし、権利条約や差別解消法の周知度がきわめて低いことなどからすると、具体的に理解しているとは言い難い状況で、漠然と言葉のイメージを知っている程度、と言えるのではなかろうか。権利条約については、「条約の内容を含めて知っている」は平成二四（二〇一二）年調査の二・二％から平成二九（二〇一七）年調査の三・四％と、この五年間を通し、わずかに上がったが、相変わらずきわめて周知度は低くなっている。その一方、「知らない」は七七・九％に達している。差別解消法についても、「法律の内容を含め知っている」は五・一％にとどまっており、「知らない」は七七・二％に達している。

権利条約、差別解消法とも『知らない」が八割近くあることは、国民の意識がきわめて低い実態を示しており、国・地方自治体の責務として国民・住民の理解を深める責任が果たされていないことが明らかである。また国民・住民自身も、理解を深めるための努力が必要である。

3　あらためて国・地方自治体のありかたを問う

(1) 障害者の権利に関する条約と障害者施策

障害者権利条約（「障害者の権利に関する条約」）では、第一四条で「身体の自由及び安全」を、第一五条で「拷問または残虐な、非人道的な若しくは品位を傷つける取扱い若しくは刑罰からの自由」を、第一六条では「搾取、暴力及び虐待からの自由」を、第一七条では「個人をそのままの状態で保護すること」を、第一九条では「自立した生活及び地域社会への包容」を定めている。国際条約として批准したのであるから、これらを順守する責務が国・都道府県・市町村にはある。その点で、やまゆり園事件はあらゆる面で権利条約に反したものであることを再認識する必要がある。加えて、事件後の国・地方自治体のありようを考えても、さまざまな課題が残されたままとなっている。ここでは障害者施策に限ってみることとする。

障害者基本法では、第一条（目的）で「全ての国民が、障害の有無にかかわらず、等しく基本的人権を享有するかけがえのない個人として尊重される」とその理念を明らかにしている。第三条では基本原則を定めている。ここは重要なので、条文を掲載する。

（地域社会における共生等）

第三条　第一条に規定する社会の実現は、全ての障害者が、障害者でない者と等しく、基本的人権を享有する個人としてその尊厳が重んぜられ、その尊厳にふさわしい生活を保障される権利を有することを前提としつつ、次に掲げる事項を旨として図られなければならない。
一　全て障害者は、社会を構成する一員として社会、経済、文化その他あらゆる分野の活動に参加する機会が確保されること。
二　全て障害者は、可能な限り、どこで誰と生活するかについての選択の機会が確保され、地域社会において他の人々と共生することを妨げられないこと。
三　全て障害者は、可能な限り、言語（手話を含む。）その他の意思疎通のための手段についての選択の機会が確保されるとともに、情報の取得又は利用のための手段についての選択の機会の拡大が図られること。

国及び地方公共団体の責務として、第六条では「障害者の自立及び社会参加の支援等のための施策を総合的かつ計画的に実施する責務」を、第七条では「国及び地方公共団体は、基本原則に関する国民の理解を深めるよう必要な施策を講じなければならない」と定めている。しかしながら、やまゆり園事件後、これが大きく進展したとはとても言えない状況である。たとえば、「どこで誰と生活するかについての選択の機会」が本当に保障されているだろうか。たしかにグループホーム（共同生活援助）は毎年新たに開設されるものの、希望すればいつでも利用できる状況ではない。入所型の施設もまだ各地域に残されており、全国的に見れば地域移行もそれほど大きな前進はない。

障害者差別解消法（「障害を理由とする差別の解消の推進に関する法律」）との関係でいえば、やまゆり園事件はまさに最大・最悪の差別事件であった。また、事件後のネット上の反応にも、「生産性のない重度障害者は死んで当然」（駆除すべしという書き込みもあり）といった趣旨で、事件を賛美する投稿が多数あったことを忘れてはならない。

(2) すべての人の発達保障

かつて、近江学園を創設した糸賀一雄（一九六八年没）は、次のように述べている。

この子らはどんな重い障害をもっていても、だれととりかえることもできない個性的な自己実現をしているものなのである。人間とうまれて、その人なりの人間となっていくのである。その自己実現こそが創造であり、生産である。私たちのねがいは、重症な障害をもったこの子たちも、立派な生産者であるということを、認めあえる社会をつくろうということである。『この子らに世の光を』あてやろうというあわれみの政策を求めているのではなく、この子らが自ら輝く素材そのものであるから、いよいよみがきをかけて輝かそうというのである。『この子らを世の光に』である。この子らが、生まれながらにしてもっている人格発達の権利を徹底的に保障せねばならぬということなのである。(*3)

糸賀がこのように、「生産性」を、新自由主義的な利益を上げるための生産性に限らず、人間性の深いところで豊かにとらえていることを再評価しなければならない。また、福祉労働者の責務を「人格発達の権利を徹底的に保障すること」としている。残念ながらやまゆり園事件の被告も、ネット上に書き込みをした多くの人も、このような視点がまったく欠落しているのである。

わが国の社会のありようも、これらの事件に影響を与えていると考えられる。たとえば低賃金の非正規労働者が増加し、労働者はいつでも雇用主の都合で退職を迫られる状況がある。大企業は株主配当と内部留保を優先し、高額所得者の所得は一層増加する一方、低所得者や中間所得者の税・社会保険料負担は強化されている。まさにわが国では、効率化による経済成長だけがめざされ、さまざまな格差が広がり、すべての人の「いのち」が大切にされない分断社会となっていることの投影なのである。このような社会のありかたについて、私たちは考えていかなければならない。

すべての人は、限りのある、かけがえのない「いのち」を、いま、この社会の中でともに生きている。それが確認できるような社会を築いていかなければならない。これは政府の言う「一億総活躍社会」とはまったく異なった価値観に立つものである。この意味からも、国・地方自治体の責任はきわめて重い。同時に、私たちのありようも根本から問われている。

注

＊1　法律上は「地方公共団体」であるが、憲法等で定められている「地方自治」、とくに「自治」に注目して本稿では「地方自治体」としている。都道府県と市町村および特別区のことである。

＊2　残された公立保育所についても、指定管理制度への移行は検討されている。

＊3　糸賀一雄『福祉の思想』（ＮＨＫブックス、一九六八年）一七七頁。

6　人権主体性と津久井やまゆり園事件

――憲法の視点から

井口秀作（愛媛大学法文学部教授）

人権の根拠は「人間の尊厳」であるといわれる。ドイツの憲法に該当するドイツ連邦共和国基本法一条一項は、人間の尊厳の不可侵性を規定し、国家が人間の尊厳を侵害することを禁じることはもとより、人間の尊厳を傷つけようとする私人から保護する義務を国家が負うことも定めている。ドイツでは、「人間の尊厳」とは、個人を他の目的の単なる手段として扱うことを、仮にそれが多くの生命を救うことになるとしても、禁じているものと理解されている。ドイツ連邦憲法裁判所は、いわゆる「9・11」テロのように航空機がハイジャックされ爆弾と化したようなときに、地上にいる不特定多数の人間が危険にさらされる事態を避けるために、この航空機を爆撃する権限を軍に与える「航空安全法」を、憲法に反すると判断した。そのときに依拠したのが「人間の尊厳」である。乗客よりはるかに多数存在するはずであるテロ攻撃の潜在的な犠牲者の生命を救うという理由で、国家が航空機ごと爆破することによって乗客の生命を奪うことは、乗客の「人間の尊厳」を侵害するというのである。社会に大きな衝撃を与えた津久井やまゆり園事件で被害者となった障害者の「人間の尊厳」が問題となるのは、まさにこのようなことである。

「人間の尊厳」のもっとも基本にある生命が奪われた、というだけの話ではない。事件の被疑者は、「障害者は生きていても無駄」などの発言をくりかえし、「私は障害者総勢四七〇名を抹殺することができます」「障害者は不幸を作ることしかできません」などと書かれた手紙を衆議院議長に手渡そうとしていた。事件で被害者となった障害者は、障害を抱え、社会に有用でないと評価されるがゆえに殺害の標的とされたのである。尊厳を侵害されたのは、命を奪われた被害者だけではない。あえて言えば、すべての障害者の尊厳が傷つけられたのである。

日本国憲法が保障する人権の根拠が「人間の尊厳」であることの憲法上の根拠として、憲法一三条の「すべて国民は個人として尊重される」という規定が引用されることが一般的である。しかし、尊厳や尊重の主体として、「人間」を考えるか「個人」を考えるかによって微妙な違いが生じる可能性もある。「人間の尊厳」という場合の「人間」は、個々の人間の多様性を捨象し、同質性が強調される。「人間は、みな同じ」と。「人間の命はほかの何ものにも代えることができない」という場合の人間像がそれである。しかし、実際の人間には一人ひとり違いがある。大人がいれば子どももいる。男性がいれば女性もいる。そして、健常者がいれば障害者もいる。そのような個人の多様性を承認した上で、それぞれの個人が等しく尊厳の主体であることを確認しているという意味で、日本国憲法の「個人の尊重」という選択を積極的に評価すべきである。

津久井やまゆり園事件が、日本の社会では「個人の尊重」という価値が定着してこなかったことを示すものだとすれば、まさに人権主体としての個人が多様であるという、それ自体としては当然のことがらが、規範として確立してこなかったということである。自由民主党が二〇一二年に発表した日本国憲法改正草案は、憲法一三条を「すべて国民は人として尊重される」と改めるものであった。「個人の尊重」から「人の尊重」へ。まさに、個々人の違いや、そこから来る多様性を切り捨てるものである。

やまゆり園事件を、偏った思想の持ち主によるきわめて特殊な事件と切って捨てることは容易である。しかし、それだけでは不十分である。出生前診断によって胎児の染色体異常が確定した妊婦のうち、九割以上が中絶を選択しているという。われわれに「内なる優生思想」がなかっただろうか。そして、憲法学が人権主体として想定する「人格的自律の存在」という捉え方は、「人格的自律」ができない個人（その典型が知的障害者である）を、人権主体の外側へと追いやってしまうことがなかっただろうか。

あらためて考え直すべきことは多い。

第3章　事件を受けとめ、どのような社会をめざすのか

1　障害者政策の歴史と現状からみたやまゆり園事件——事件の特異性と普遍性

藤井克徳（NPO法人日本障害者協議会代表、きょうされん専務理事）

1　勾留後に思いついた「心失者」

「激しい一日でした」

これは、筆者が植松被告人との最初の面会時に冒頭でぶつけた質問、「二〇一六年七月二六日のこと、いまはどう思っているの？」への彼の答えでした。

続く質問「植松さんの目的は達成できたの？」には、すぐさま「その途中です」。

さらに「現段階で自身が主張したいことは何？」には「意思疎通ができない方を安楽死させたい。大麻を合法化してほしい」と応じました。

その後の面会（これまでに計三回）と数度の手紙のやりとりの中で、植松被告人は障害の重い人を「心失者」と呼んでいます。これに関連して、

「心失者とは人の心を失っている者です。心とは、理性と良心と考えています」

「はじめは〈化け物〉と呼んでいましたが、その言葉は遺族を傷つけるのでは？　と精神科医〔鑑定医と思われる——筆者〕の先生に言われたので〈心失者〉と呼ぶようにしました」

「心失者は人の幸せを奪い、不幸をばら撒く存在です。いまの言葉では重度・重複障害者がこれに当てはまると考えています」

「心失者を養うには莫大なお金と時間がかかります」

「移動、食事、排泄ができなければ人間として生きることは難しく、これは大麻が認められてから考える必要があると思います」

などと述べています。


なお、面会時の筆者からの「植松さんが言う心失者とはどういう人？　基準はあるの？」の問いには、「意思疎通のできない人、自分で自身の名前を言えない人」と言っていました。

植松被告人が勾留後に考えついたとされる「心失者」という呼称については、すでにこの間の報道でも紹介されています。「心失者」とまでは言っていなかったものの、障害の重い人に対する向き合い方は、事件の五カ月前の衆議院議長宛ての手紙にあった「私は障害者総勢四七〇名を抹殺することができます」「障害者は人間としてではなく、動物として生活を過しております」「重複障害者に対する命のあり方は未だに答えが見つかっていない所だと考えました。障害者は不幸を作ることしかできません」という論調から、まったく変わっていません。

筆者の印象は、障害の重い人に対する蔑みの感情が、ますます凝り固まっているのではということです。面会の折に「障害の重い人をそんなふうに言うのは言い過ぎでは」とのたしなめを何度かおこないましたが、その都度語気が強まり、表情は一気にイライラ感に満ちてきます（筆者は視覚障害があるため、表情の変化は同行者の説明による）。蔑みの凝り固まりというよりは、もはや憎悪の域に入っていると言ったほうが正確かもしれません。

筆者のやまゆり園事件に関する問題意識は、前掲したような植松被告人の特異な障害者観はどこから来ているのかということに尽きます。事件の全容解明にあたり不可欠の意味を持つものです。しかし、この問いに答えるには、被告人の心の奥に分け入らなければならず、容易には解明できません。現に、さまざまな人がこの点に強い関心を抱きながら面会を試みていますが、もどかしさを覚えたまま入り口付近で立ち往生しているのが現実ではないでしょうか。筆者もそのひとりです。

他方で、植松被告人に備わる障害者観がきわめて特異であること自体は明白です。前述の内容を含め、面会や手紙のやりとりからもはっきりしています。問われることのひとつは、これが植松被告人に固有の問題なのかということです。あらためて、特異な障害者観を、過去の関連事象に位置づけながら深める必要があるように思います。以下、本章では、考えられる範囲で事件の背景に迫り、事件を特異性と普遍性の両側面から捉え、そしてこうした事件を二度と起こさないために、私たちが拠りどころとすべきは何かについて、国の内外の関連動向を交えながら、紙幅の限りで深めていきます。

2　問われる背景要因

一般的にみて、看過できないような問題事象には、大別して二つの要因が存在すると考えられます。ひとつは個別要因で、引き金要因と言われる場合もあります。これに対して、背景要因がもうひとつです。問題事象をより正確に捉えるには、この背景要因の見立てを誤らないことが大切であり、本質要因と言えるものかもしれません。二つの要因に共通するのは、要因の主要素に環境と体験が挙げられることのように思います。やまゆり園事件にあてはめれば、植松被告人がこれまでの人生で身を置いた環境や体験ということになります。

そこで、やまゆり園事件をこの二つの要因で捉えてみたいと思います。

まず個別要因ですが、結論から言えば、これについては基本的に裁判に委ねるべきです。わけても、「心失者」という呼称に示された障害者観の解明が最大の論点になります。逆に言えば、裁判がこの点に迫る努力を怠るようでは、遺族や傷を負わされた者、全国の障害当事者を含む関係者の真相究明の期待を裏切ることになります。当事者はもとより、市民社会全体として裁判の行方を注視する必要があります。

その上で、気がかりなことがあります。それは植松被告人と、彼が正規職員として勤務していた施設との関係についてです。前掲した衆議院議長宛ての手紙に、「保護者の疲れきった表情、施設で働いている職員の生気の欠けた瞳」とあり、筆者との面会でも「いまの考え方は、施設に勤めたことと関係している」旨を述べています。現行の入所型施設が、職員の配置基準や待遇からみて、また立地条件や建物の構造基準などからみて、果たして真に人権や尊厳が確保される場となっているかとなると、一部の例外を除いて、たしかに首をかしげたくなります。

次に、背景要因について考えてみます。少し大きな話になりますが、この時代、この社会と植松被告人との関係です。この時代に、この社会に生を授かり育まれてきた植松被告人であり、有形無形でその影響を受けないはずはありません。そう考えながら、この二〇年間、三〇年間の日本社会を振り返るとどうでしょう。日本のみならず、先進国といわれる国々を含めてもいいかと思います。

「生産性」「経済性」「速度」「効率」などのキーワードが、まるで生き物のように、社会のそこかしこで踊り出しました。ほどなくして、その延長線上にあらわれたのは「格差社会」「弱肉強食社会」「勝ち組・負け組」「不寛容社会」などでした。こうした社会の風潮や変容は、乗り遅れまいとするある種の競争心理とともに、人々の価値観や思考様式に入り込んでいったように思います。植松被告人の歪んだ言動は、歪んだ社会と無関係とは言えないのではないでしょうか。

この背景要因についても、裁判で徹底した究明が求められます。同時に、この点は裁判所だけではなく国会や政府、経済界、労働界、マスメディア、そして障害当事者団体を含めて、いまを生きる私たちの社会全体が負わされたテーマと言っていいと思います。

なお、釈然としないのが政府の対応です。事件直後から総理大臣の公式な見解が求められていましたが、結局、事件から半年後の第一九三回国会（二〇一七年一月開会）の施政方針演説まで待たなければなりませんでした。施政方針演説の関連箇所をそのまま引用すると、「昨年七月、障害者施設で何の罪もない多くの方々の命が奪われました。決してあってはならない事件であり、断じて許せません。精神保健福祉法を改正し、措置入院患者に対して退院後も支援を継続する仕組みを設けるなど、再発防止対策をしっかりと講じてまいります」となります。まるで精神保健福祉法ひとりに問題があるような事件の捉え方であり、ここで挙げてきた個別要因や背景要因に向き合おうとはしていません。厚労省のもとでの検証結果も同様に、驚くほど浅薄です。公立の障害者施設を舞台にくり広げられたあのような大事件でありながら、この程度の見解や対応というのは、政府の障害分野に対する基本姿勢の脆弱さとも重なるのではないでしょうか。

3　事件の特異性と普遍性

ここで、「心失者」「障害者は不幸しか作ることができない」とする植松被告人の特異な障害者観に、あらためて焦点を当てたいと思います。前述の通り、「特異な考え方がどこから来たのか」という疑問の解明については、まずは裁判で、そして社会全体としても真摯に向き合わなければなりません。しかし実は、特異な考え方それ自体は、決してめずらしくないのです。突き詰めていけば優生思想に重なる点が少なくありません。歴史的にも、現実にも、また国の内外において、起こり方は別として、やまゆり園事件と通底する事象は数多く見られます。具体的な事象と重ねながら、植松被告人の言動を普遍化して捉えてみたいと思います。このことは、根強く残る植松被告人の言動を賛美する声や、世界中で後を絶たないヘイトスピーチ、ヘイトクライムに抗する上から、何よりこれからの社会のありかたを考える上で、大切な意味を持つに違いありません。

具体的な事象に先立って、植松被告人の言動を、優生思想の観点から見ていきます。やまゆり園事件の報に接したときに、優生学や優生思想を連想した人は少なくなかったのではないでしょうか。ただし厳密に言えば、植松被告人の言動が優生思想とイコールかとなると疑問が残ります。というのは、優生思想を正確に定義づけるならば、まずはそのベースに遺伝学や生殖管理が座り、その上で「あるべき社会では強い者のみが残り、劣る者は消えるべき。このことを一個人ではなく、一民族や一社会の単位で図ろうとする考え方」ということになります。これに照らせば、植松被告人の言動は完全には当てはまりません。しかし、優生思想のもっとも核心部分に当たる「強い者のみが残り、劣る者は消えるべき」との考え方は確実に符合します。そう考えれば、広義の優生思想と捉えていいかと思います。現実にも、日常の会話で優生思想という言葉を用いる場合は、厳密な概念ではなく広義の優生思想で捉えている場合が多いのではないでしょうか。

ごく一部になりますが、優生思想もしくは広義の優生思想に関する代表的な事象を紹介します。まず挙げられるのは、優生思想の極致と言っていい、ドイツ第三帝国時代のナチスによる蛮行です。ユダヤ人を対象とした約六〇〇万人殺害はあまりに有名ですが、それ以前に、まるでそのリハーサルかのように、障害者に対して非人道的な仕打ちが加えられました。最初の段階では、遺伝性疾患子孫予防法（断種法、一九三三年）により四〇万人の障害者の生殖機能が奪われ、のちに、これでは手ぬるいとばかりに露骨な安楽死政策が強行されました。T4作戦（価値なき生命の抹殺を容認する作戦、一九三九年）と名づけられた、この政策の犠牲者は二〇万人以上にのぼります。その対象者の選別基準は「働けない者」で、徹底して重度障害者が抹殺の標的にされたのです。

最初の段階の断種法制定の直後に、ナチス・ドイツの中心者のひとりであるアルトゥール・ギュットは、ラジオ放送を通じて次のように述べています（断種法制定は一九三三年七月一四日、ラジオ放送は七月二六日）。

「国家の介入が必要となった。そうでもしなければ三世代のうちに価値ある住民層がほとんど消滅してしまい、価値の低い者だけがさらに生き残るようになるだろう。経済的な面も考慮しなければならない。精神薄弱者、特殊学級の児童、精神病患者、反社会的存在、これらの人々に数百万マルクも費やさねばならないのだ。たとえば特殊学級の児童一人に教育を受けさせせようとすれば、健康な子供の約二倍、三倍もの費用がかかる。……こうした連中の生殖を不可能にすることは、次の世代に対する〈隣人愛〉なのである。国民の体を純化することは、〈真の社会的同情〉から生じた考え方である」（エルンスト・クレー『第三帝国と安楽死』松下正明監訳、批評社、一九九九年）。

その上でさらに、「この法律は〈来たるべき世代〉を準備する過程の、目ざましいながらも単なる始まりにしか過ぎない」と続けています。思わず脳裏に浮かぶのは、植松被告人が言う「心失者を養うには莫大なお金と時間がかかります」です。植松被告人がナチス・ドイツの蛮行をどの程度知っていたかはわかりませんが、一部とはいえ、重要部分での共通性が窺えます。

4　大きく異なる事件との向き合い方

海外の関連事象について、もう一点みていきます。優生思想との関係もありますが、あわせて事件との社会の向き合い方についても触れたいと思います。それは、ノルウェーで二〇一一年七月二二日に発生した、アンネシュ・ブレイビクによる七七人もの大量殺人事件です。最初に首都オスロの国会付近で自動車爆弾によって八人を殺害し、直後に労働党の集会に乗り込み、銃を乱射して六九人の参加者を殺害したというものです。持論である「欧州をイスラムの支配から救う」を叫び、標的にされたのは移民の受け入れに好意的な人たちでした。

やまゆり園事件の後、マスメディアでこの大量殺人事件との共通項が取り沙汰されました。目を引いた記事のひとつに、オスロ大学のT・H・エリクセン教授の談話があります。

「植松容疑者の『障害者には生きる価値がない』との考えは、欧州のイスラム教徒や少数民族に対する根強い差別的な見方と酷似している。単なる個人の犯行と片付けず、こういう思想を生む社会の背景に目を向けていく必要がある」（朝日新聞、二〇一六年一二月二五日付）。

ノルウェーは国を挙げて犠牲者を悼み、検証を進めました。首相はいち早く「さらに寛容な社会をつくりたい」と宣言しました。「措置入院制度を中心とする精神保健福祉法に問題があった」「福祉施設の防犯体制の強化が重要」の域を出ない、わが国のやまゆり園事件への対処とは大違いです。なお、アンネシュ・ブレイビクに対しては、裁判で禁固二一年が確定し、現在収監中です。

次に、国内の関連事象を二点取り上げます。ひとつは旧優生保護法（一九四八年―九六年）の被害問題であり、いまひとつは記憶に新しい、中央省庁における障害者雇用の水増し問題です。

ひとつめの優生保護法の被害問題は、あからさまな優生思想に基づくものです。それは、同法の目的条項にある「この法律は、優生上の見地から不良な子孫の出生を防止するとともに、母性の生命健康を保護することを目的とする」からも、またその前身である国民優生法（一九四一年―四八年）の同じく目的条項の「本法は悪質なる遺伝性疾患の素質を有する者の増加を防遏すると共に健全なる素質を有する者の増加を図り以て国民素質の向上を期することを目的とす」からも明白です。

優生保護法の被害者は、知的障害者と精神障害者を中心に、おびただしい数にのぼります。本人の同意のないまま強制不妊手術を施された者は一万六四七五人、同意のあった者は八五一八人とされています（厚労省調査による。ただし「同意のあった者」の多くも実際は「同意させられた」のではと疑問が付されている）。

優生保護法ならびに国民優生法がもたらした罪は甚大です。何よりも、おびただしい数の犠牲者を出したことです。無抵抗の者が身体に傷をつけられ、子どもを持てないという不可逆的な状況に追い込まれたのです。同時に、看過できないのは、誤った障害者観が社会にはびこったということです。前掲したように「不良な子孫」「悪質なる遺伝性疾患の素質を有する者」といった目を覆いたくなるような記述が、半世紀以上も野放しになっていました。誤った障害者観を流布し醸成するには十分な時間だったと思います。やまゆり園事件の背景要因と地続きと捉えてもいいのではないでしょうか。

もうひとつの、二〇一八年八月に発覚した、中央省庁を舞台とした障害者雇用の水増し問題。これは明らかな「官製の障害者排除」「官製の障害者差別」と断じることができます。発覚した後、立法府や司法府に、また多くの地方公共団体にまで及んでいることが明らかになりました。その深刻さは、水増し（偽装）がいつからおこなわれてきたかがわからないところに如実にあらわれています。

問題の構図ははっきりしています。動機は「新規の障害者を採りたくない」であり、これを取り繕うために数字が作られていったのです。その理由もはっきりしています。「障害者が新たに入ってくると労働力の総体が下がり、職場のバランスが壊れるのでは」とする思い込みです。問題は、個々の障害者にどのような支えがあれば労働力の総体を保持できるのか、職場のバランスを保てるのか、これらに関する知恵とイメージがなかったことです。

障害者排除や障害者差別と率先して向き合うべき政府にあって、今回の「事件」は情けない限りです。というよりは、障害分野に対する政府の本音の一部を垣間見る思いです。やまゆり園事件後の発覚とはいえ、優生思想と同根であり、うやむやにしてはならない問題です。あらわれ方こそ異なるものの、誤った障害者観に基づく事象はいつでも起こりうるのです。

こうして見ていくと、植松被告人の障害者観を含む言動は、独特で特異な側面とともに、さまざまな関連事象と重なる点が少なくないのです。やまゆり園事件に向き合う上で、これら特異性と普遍性の二つの側面から迫ることが肝要です。

5　障害者権利条約で新たな社会を

本章を閉じるにあたり、数多くの犠牲者の上に私たちは何を学ぶのか、そして、ふたたびこうした事件と遭遇しないために何を拠りどころにすべきかについて略述します。大別して二点あります。

一点目は、障害者の置かれている状況を、とりわけ重度の障害者の置かれている状況を根本的に改めることです。多くを語らずとも、現在の障害者が置かれている状況と、市民社会が抱く障害者に対するネガティブなイメージとが地続きであるというのは、それほど的外れの見方ではないのではないでしょうか。逆に言えば、重度の障害者が街の中で暮らすのが当たり前になるとどうでしょう。市民社会の障害者観は好転し、差別も偏見も誤解も、まるで風船の空気が抜けるように萎んでいくに違いありません。意識というのは、耳目からの情報を入り口に形成される思考に大きく左右されるということを忘れてはなりません。この点では、植松被告人が筆者に話した「施設に勤めてから考え方が変わった」という述懐が思い起こされます。

ところで、障害のある人の状況を好転させる上でポイントになるのは何でしょう。きりがないほどさまざま挙がると思いますが、この点での筆者の見解は明確です。あえて二点に絞ります。ひとつは、成人に達した障害者の家族依存からの脱却です。そのためには、明治中期から続く扶養義務制度、すなわち「直系血族及び兄弟姉妹は、互いに扶養をする義務がある。」（民法第八七七条）を改正することです。家族依存脱却後の支援の方法や仕組みはいろいろと考えられます。重要なことは、成人に達して以降は家族扶養から社会扶養に切り替えることです。

もうひとつは、個々の経済基盤の確立です。仮に家族依存から解き放たれたとしても、安定した所得のないところに尊厳のある人生は築けません。所得をともなう就労支援の拡充と合わせて、とくに重度の障害者に対しては、障害基礎年金の飛躍的な増額が求められます。

少なくともこれら二点の具体化によって、日本国憲法が言う「個人の尊重」（第一三条）、そして真の「人格の独立」に近づけるのではないでしょうか。

拠りどころにすべき二点目は、障害者の権利に関する条約（以下、「権利条約」）です。二〇〇六年の第六一回国連総会で採択された権利条約は、日本政府の二〇一四年一月二〇日の批准をもって国内でも法的な効力が備わっています。一義的には障害分野の方向性に示唆を与えるものですが、より基本的には、社会のありかたを問うものです。それは、生産性一辺倒が強まり、寛容性が薄まる世界の潮流に警鐘を鳴らすものと言っていいかもしれません。

二五項目の前文と五〇カ条の本則から成る権利条約について、ほんの一部になりますが、植松被告人の特異な障害者観や優生思想との関係でいくつかの条文を紹介します。

まず、基本方向を示した「一般原則」（第三条）において障害者一人ひとりの有する「固有の尊厳」を明言し、それを具体化するための観点として「無差別」「インクルーシブ」「多様性の尊重」などを明記しています。その上で、「あらゆる活動分野における障害者に関する定型化された観念、偏見及び有害な慣行（性及び年齢に基づくものを含む。）と戦うこと。」（第八条一項）、「全ての障害者は、他の者との平等を基礎として、その心身がそのままの状態で尊重される権利を有する。」（第一七条）、「婚姻をすることができる年齢の全ての障害者が、両当事者の自由かつ完全な合意に基づいて婚姻をし、かつ、家族を形成する権利を認められること。」「障害者が子の数及び出産の間隔を自由にかつ責任をもって決定する権利を認められ、また、障害者が生殖及び家族計画について年齢に適した情報及び教育を享受する権利を認められること。さらに、障害者がこれらの権利を行使することを可能とするために必要な手段を提供されること。」「障害者（児童を含む。）が、他の者との平等を基礎として生殖能力を保持すること。」（いずれも第二三条一項）などが定められています。権利条約全体が、とくに前掲した条文は、障害者の被った辛苦の過去の上に打ち建てられたと言っていいと思います。

私たちは、やまゆり園事件に関する裁判に注目すると同時に、事件と社会との関係については市民社会としてきちんと向き合わなければなりません。それらの前提となるのが、事件を風化させないことです。「人権を守るとは忘却とのたたかい」とも言われています。まずは忘れないことであり、そのための努力を惜しまないことです。その向こうに、「障害者は不幸しか作れない」という被告人の言葉に対峙するための礎が固められていくのではないでしょうか。

COLUMN

不妊手術を強いられた障害者の家族として

佐藤路子（旧優生保護法国家賠償請求訴訟原告家族）

夫の妹である由美は、生後一歳くらいのときに手術したのが原因で知的障害になりました。しかし、宮城県が開示した優生手術台帳によれば「遺伝性精神薄弱」を理由に、一五歳、中学三年の年の一二月に強制不妊手術を受けたと記録されていました。義妹の障害は後天的なもので、「遺伝」は事実と異なります。

結婚した当初に義母から、義妹は「子どもができないように手術した」と聞きました。お腹の傷が大きいので、隠しても隠しきれないと思って私に教えたのだと思います。その傷はいまでも大きく残っています。何のために手術したのか、長いあいだ疑念を抱いていました。

仙台の飯塚淳子さん（仙台訴訟原告）のことが報道されて、優生保護法という法律を知りました。義妹もそのために手術されたのだとわかり、なんとむごいことをしたのだろうと、怒りとショックで言葉も出ませんでした。義母はどんなにかつらい思いをしたのだろうと思いを馳せます。嫁と姑だから、何かとつらいこともありましたし、私さえ我慢すればいいのだと心に言い聞かせ、家族のために日々過ごしてきました。でも、義妹を守ることによって私自身も守られていたのだと、いまは思います。

私には三人の子どもがいますが、義妹とのかかわりでは、子どもが四人いるような感じで区別することなく接してきました。子どもたちも義妹と遊んだりして一緒に育ち、娘は高三まで一緒にお風呂に入っていました。わが子たちには、義妹と楽しく過ごすことで知的障害者を理解し、大人になったとき障害のある方を差別するような人間になってほしくないと思い育ててきました。その子どもたちもすでに結婚して子どもが生まれ、日々忙しく過ごしているようです。たまに帰省すると、昔と変わらず義妹と会話をして、孫たちも義妹とかけっこなどして楽しく過ごします。義妹がいないときは「由美ちゃん今日いないの?」と聞かれます。そんな孫たちの姿を見ると、子どもたちが、障害のある方に対する偏見や心ない言葉・態度とは無縁の生活を営み、子育てをしてきたことが感じとれます。

私自身、もの心ついたころから両親に「人を差別してはいけない、障害のある人に会ったときは手を貸してあげなさい」と言われて育ちました。結婚するときに義妹のことを気にしなかったのもそのためでしょう。最近、障害のある方に対する「心のバリアフリー」ということも言われますが、大人になってからでは遅いと思います。子どもが生まれたそのときから、障害のある方を自然に理解し、お互いを尊重する環境の中で生活できるようにすることが望ましいと思います。

裁判を受けて、国会で強制不妊手術の被害者に対する一時金支給の法律が成立しましたが、いまだに申請件数が少ない理由は、旧優生保護法がいかに障害がある方とその家族を苦しめたかを反映しているように思います。その裏に隠された被害者の苦しみ・悔しさに国はきちんと向き合い、反省していただきたいと切に願います。

〝不良な国民〟と〝優良な国民〟の狭間で

藤木和子（全国優生保護法被害弁護団）

かつて、障害や病気のある人を〝不良の国民〟として、子どもができなくなる不妊手術や、妊娠した場合に中絶をさせる法律がありました。「優生保護法」（一九四八年―九六年、昭和二三年―平成八年）は、約七〇年前の当時の説明で言えば、「障害や病気等がある〝不良な国民〟をなくし、〝優良な国民〟による〝健全な社会〟を築くこと」が目的でした。

国が不妊手術や中絶を推進していくなかで、「子孫を残してはいけない」とされた〝不良な国民〟の範囲は障害や病気の遺伝性を問わなくなり、犯罪的行為者、さらには家庭が貧しく学校に通えなかったために知能テストの点数が低かった少女や、思春期による素行不良の少年にまで広がりました。いまから約二〇年前の一九九六年に優生保護法が廃止されるまでに、不妊手術や中絶を受けさせられた人は、政府による発表数だけでも八万三九六三人にもなります。障害や病気のある本人だけでなく、親や祖父母、兄弟姉妹などの家族も、〝不良な国民〟としての差別や偏見に苦しんでいました。多くの親御さんや家族は、国や行政、学校、施設等からの指導に従う〝優良な国民〟として、わが子や家族を不妊手術や中絶に連れていきました。加害者となってしまった家族もまた被害者でした。

長年の沈黙を破り、二〇一八年から全国的に始まった裁判では、全国七カ所（提訴順に宮城、北海道、東京、熊本、大阪、兵庫、静岡）で二〇名の原告が、国に損害賠償と謝罪を求め闘っています（二〇一九年一一月一日現在）。原告には、やまゆり園事件の被害者の方々のように重度の障害があり、ご本人の意思は、親亡き後の生活や裁判を支える兄弟姉妹や施設の職員が表情や動きから（想像も含めて）くみ取るしか方法がない方もいます。勝手ながら、ご本人に思いや考えを直接言葉で語っていただけたらと思ってしまう部分もあります。聴覚障害があり、手話で通訳を介して語るご夫婦、肢体不自由の方、そして知能テストの点数や思春期の素行不良等を理由に知的障害や精神障害があるとされて手術を受けさせられた方、第一子に障害があったために第二子を中絶させられた方もいます。

私が感じているこの裁判の大きな特徴は、原告と家族、弁護団、裁判の支援者が、障害の有無・種類、性別、年齢、家族関係、結婚や子どもの有無などのさまざまな背景と、優生保護法に向き合うそれぞれの理由、考えや思いをもって、裁判というひとつの目標に向かっていることです。私自身は弁護団の一員である一方、聴覚障害のある兄弟姉妹をもつ家族の立場でもあります。弁護団の中には障害のある弁護士もいます。

このような私や障害のある弁護士は、国にとって子孫を残すべきでない〝不良の国民〟でしょうか。それとも、子孫を残すことを歓迎される〝優良な国民〟でしょうか。私自身も弁護士である前に、弟に障害があることで、〝不良の国民〟から〝優良な国民〟にならねばというプレッシャーを幼いころから強く感じて生きてきた、ひとりの三〇代の女性です。

「能力」や「生産性」というものさしは、障害の有無、性別その他の属性を問わない、ある意味では平等でフェアなものさしです。しかし、障害を能力や生産性で克服すれば〝優良な国民〟になれるという論理は、強制不妊手術や中絶をおこなう対象の判断基準が、障害や病気の有無だけでなく思春期の素行や知能テストの点数の良し悪しにまで広がったことと表裏です。

やまゆり園事件の被害者の方々のように重度の障害がある人は、能力や生産性というものさしの下では最初から取り残されてしまいます。また、高学歴で一流といわれる企業に就職しても、過労死や過労自殺に追い込まれてしまう方もいます。国家・人間社会のシステムとしても、調整や転換が必要な時期なのではないでしょうか。

〝不良な国民〟〝優良な国民〟という言葉をくりかえしましたが、ひとつひとつの大切な命に〝不良〟も〝優良〟もなく、あえて言うのならばすべての命が〝優良〟です。能力や生産性の前に、まずはひとつひとつの命が大切にされ、誰もが「生きていてよかった」と思える未来を、理想ではなく当たり前のことだと言えるように。歴史上、諸先輩方が背中で見せてくださった、「社会は良い方向に変わっていく」という実感を信じて、私も勇気を出して裁判の原告、家族、支援者の方々とともに闘い、前に進んでいきたいと思います。

（参考）全国優生保護法被害弁護団ホームページ http://yuseibengo.wpblog.jp/

2　人権をかかげよう――人間として生きる

井上英夫（金沢大学名誉教授）

はじめに

二〇一六年七月二六日の事件発生から早くも三年が経った。相変わらず、遺族や心ある人々の思いは「忘れないで」である。

この間、私たち日本社会保障法学会報告者グループは、神奈川県、相模原市、施設管理者であるかながわ共同会、施設理事長、園長、職員、ご家族、マスコミ記者等に話を伺ってきた。津久井やまゆり園の施設内に立ち入ることはできなかったが、移動後の芹が谷の寮も訪問し、ケアの現場にも立ち、負傷された方にもお会いした。二〇一八年八月二二日、植松聖《さとし》氏（違和感はぬぐえないが、刑の確定前であり、犯人・被告人といえども人権が保障されるべきであるから「氏」と呼ぶ）に直接面会もした。その中で、植松氏の「考え」は思想や学問と呼べるような突き詰めたものではなく、思いつきに「後付け」したものであることが明らかになった。これを優生思想や優生学と呼ぶことは、彼を喜ばせるだけだと思う。

しかし、この優生的「考え」は、植松氏ひとりでなく、誰の中にもある「本音」なのではあるまいか。その意味でこの事件は、ひとりの「異常」な人物が起こした「特異」な事件というよりも、日本社会の根底にある思想・哲学と、とりわけ日本の社会保障・社会福祉制度の貧困というマグマが噴出したものである。今後、福祉施設はもちろん、どこでも起こりうる可能性があるという意味で普遍的であり、曲がりなりにも戦後社会の築いてきた人権保障――とりわけ社会保障・社会福祉を人権として保障している憲法体制（一三条、一四条、二五条、二二条等）――を激しく揺さぶっていると思う。

ここでは、事件から三年の私たちの取り組みで明らかになったことを踏まえ、再度人権の旗をかかげ、この事件を直視し対置すべき人権とは何かを考え、類似事件根絶の道を探ってみたい。

1　施設を「人権の砦」に、職員を「人権のにない手」に

前書『生きたかった』（大月書店、二〇一六年）で、私は人権保障の視点からやまゆり園事件の根源を問うた。その後も事件についてはさまざまな報道があり、議論がされている。[*1] 社会福祉施設、在宅ケアの現場からの声もようやく上がってきている。しかし、ことの重大さに比べ、まだまだ福祉現場、家族、地域住民、行政からの議論が少ない。とりわけ、法学界も含めて人権保障の視点からの発言はきわめて少ないと言わざるをえない。[*2] 相変わらず同情論や「あってはならない」といった感情論（これは、これで大事だが）にとどまり、結局、被告人個人の責任を問う報復論、厳罰論に帰着しかねない。社会福祉・社会保障についても、相変わらず「福祉はこころ」

的精神論が横行し、事件が人権のにない手たる職員により、人権保障の砦であるべき福祉施設で起こされた、生命権という基本的人権の侵害・剝奪事件であることを直視し、正面から「人権・法的問題」として立ち向かう姿勢は不十分である。

さらに、人権保障の責任は国（以下、自治体を含む）にあるという認識も、国や自治体自体に甘く、とりわけ社会保障・社会福祉領域での「自助・共助・公助」論と営利化路線により、この国の無責任体制は進む一方である。被害者、家族、住民、国民からの責任追及の声も依然として弱い。しかし、嘆いているばかりではなく、人類の「人権のためのたたかい」（憲法九七条）、とりわけ日本ではハンセン病患者・回復者、そして家族のたたかいに学び、人権保障確立の道を進むしかないと思う。

2　植松氏の「考え」と人物像

植松氏の主張は、マスコミ報道はじめ、さまざまな形で紹介されている。(＊3) それらと私の面談での印象を述べておきたい。

(1)「考え・理屈」――優生思想・優生学「もどき」

植松氏の発言録や私自身の面会経験から、彼の「考え」は思いつきであり、拘置所に差し入れされた書物等により自己正当化のために後付けされたもので、学問や思想というにはほど遠いと言わざるをえない。しかも、くりかえされる、麻生副総理をはじめとする政治家の差別・優生思想的発言も、ネット上の同調者も同類のものと言わざるをえず、それゆえにこそ、この「考え」は拡散しやすく、誰でもおちいり、利用される危険性が大きい。

こうした優生思想・優生学、そして「もどき的考え」は徹底して批判しなければならない。優生思想・優生学の克服の途も、優生思想に基づき大量殺戮を実行したナチスの歴史をもつドイツに学ぶべきである。とりわけ、ホロコーストのリハーサルとなったT４作戦、そしてこれに命をかけて反対したフォン・ガーレン司教の存在である。

「私たちは、他者から生産的であると認められたときだけ、生きる権利があるというのか。非生産的な市民を殺してもいいという原則ができ実行されるならば、いま弱者として標的にされている精神病者だけでなく貧しい人、非生産的な人、病人、傷病兵、仕事で体が不自由になった人すべて、老いて弱ったときの私たちすべて、を殺すことが許されるだろう(*4)」

こうした第二次大戦における残虐行為と人間性の否定への反省と、人々の勇気ある声とたたかいが、戦後の一九四八年、人間の尊厳を理念とした人権の確立を戦後世界の進むべき方向とした世界人権宣言に結実したのである。植松氏の「考え・理屈」は、人権が「人類の多年にわたる自由獲得の努力（struggle たたかい）の成果」（憲法九七条）であるという歴史に目を閉ざすものである。まったく幼稚な、手前勝手であり、愚劣な考え・理屈だと、植松氏およびネット上の支持者たちに正面から突きつけるべきである。

(2) 人物像——キレる・褒められたい

私との面会時、彼は突然、机を叩き、席を立ち「帰る。もう絶対会わない」と叫び、拘置所職員に押しとどめられる場面があった。

「障害者は無駄に税を使い、財政赤字をもたらしているという植松氏の主張に取り合わなかったから」というのが、植松氏に私を紹介し、面会にも同席した月刊『創』の篠田博之編集長の分析であるが、私自身は私の二つの質問が彼の怒りを買い、キレさせたと思っている。ひとつは「人権について勉強したか。その歴史をしっかり学んでください」ということであり、もうひとつは「学校や家庭で褒められたことはあるか」という質問である。

彼は褒められたい、そのために目立ちたい、そのようなタイプの人間なのではと思う。刺青を入れて誇示したり、整形したりした行動や、「私は障害者総勢四七〇名を抹殺することができます」という衆議院議長への手紙——実はその前に安倍首相に会おうとしたのであるが——には、「人に褒めてほしい」という感情が湧き出ているように思える。しかも、優生的、劣等処遇的意識の持ち主として、同類と見透かした安倍首相等から共感が得られ、賞賛されるに違いないと踏んでの行動であろう。マスコミ取材や面会者の訪問もまた、彼の自己顕示欲を満足させる機会なのだと思う。植松氏がなぜこのように育ち、一線を超えてしまったのかを解明する上では彼の成育歴が問題であるが、本人が家族のこと、教育の場でのできごと等を話すことを頑なに拒んでいるので、闇に包まれたままである。今後の裁判で解明されなければならない最大の点である。

（3）人間観——「心失者」は人間ではない

彼も、世界人権宣言が「人権を保障している」ということは知っているという。しかし、人権が保障されるのは「人間」である限りである。知的障害者は人間ではなく「心失者」である、「心失者」は税金を無駄に使い家族や人類を不幸にする、したがって、人間でない心失者は安楽死させるべきだ、安楽死されない「奴」は殺すべきだ——というのが彼の主張である。

「心失者」の定義とは「名前、年齢、住所が言えない者」だという。さらに、私との面会では「理性と良心なき者」という基準を強調した。自分が接した「知的障害者」に対しては「何もできない者、歩きながら尿・便を漏らす者、穴に指を突っ込み遊ぶ者、いきなり暴れ壊す者」等々とあげつらっている。さらに、「重度・重複障害者を養うことは、莫大なお金と時間が奪われます」という。これらの基準は、そのまま、拘置所で税によって暮らす植松氏が「人間」でないこと示していると思うのだが。

この基準から言えば、私たちのもつ「重度」の人の概念とは違い、知的障害の人、精神障害、さらには認知症、重い病気の人等のほとんどの人が対象になってしまう（現に、やまゆり園の入居者の多く、そして被害者の多くは「軽度」の人々であった）。福祉現場の人々が、人権保障の拡大のために、すべての現場で意思決定、意思表示を追求し、自己決定の保障、すべての人の可能性拡大のために営々と積み重ねてきた努力が全否定されている。

まったく手前勝手な、安直な「屁理屈」と言わざるをえない。その安易さは、人間を幸福にするには大麻を解禁すればよいという主張につながる。薬物に依存し、楽で安易な途を選ぶという彼の人間性、生き方があらわれている。

(4) 労働観──見守りと抑圧

彼は津久井やまゆり園で三年間勤務することによって、このような「考え」に至ったという。やまゆり園には「仕事も楽だし、良い職場だと思って」入ったという。実際の仕事も大変ではなく、「労働条件や待遇に対する不満はまったくなかった」「仕事は見守りで、見ているだけ。暴れたときは押さえつけるだけでした。彼らを見ているうちに、生きている意味があるのかと思うようになった」という。福祉施設だけでなく医療・社会保障の現場で働く人々の努力をまったく無視した話である。しかし、このような職員がいたということ、そして神奈川県でもレベルが高いとされた施設で、「見守り」にとどまるケアがおこなわれていたことは直視されなければならない。

実際に生活寮を訪問してみて、植松氏の言動が裏付けられたと感じた。やまゆり園では拘束・虐待がおこなわれていたことが、彼自身の言葉と、その後の報道等で明らかにされている。[*5] このことは、やまゆり園のケアの水準がとくに低いということではなく、日本の社会保障・社会福祉の水準が低すぎる、貧困であることを裏付けている。突き詰めれば職員配置の少なさ、質の低さに根本原因があるが、事件を理解する重要な点であると思う。こんなに安易で幼稚な考えで殺されてはたまったものではない、というのが正直な感想である。しかし、ナチス政権下、自らの生命の危険を省みず訴えた先のフォン・ガーレンのように、くりかえし優生学・優生思想、そして彼の「考え・理屈」を徹底的に批判し、「すべての人」の人権、人間の尊厳の保障を訴えるしかあるまい。

3 人間の尊厳の理念、自己決定・選択の自由、平等の原理

人権の旗をかかげるにしても、その理念、原理、原則についての理解なしには説得力がないが、ここでは人間の尊厳の理念と自己決定・選択の自由の原理について触れるにとどめざるをえない。平等の原理、そして原理をさらに具体化した参加等の諸原則について、詳しくは前書『生きたかった』、および社会保障法学会誌論文等をご覧いただきたい。[*6]

(1) 人間の尊厳

世界人権宣言、日本国憲法第一三条を引くまでもなく、現代の人権保障の理念は人間の尊厳(Human Dignity)である。私は、アウシュビッツやハンセン病療養所、さらに貧困生活と貧困な社会保障・社会福祉制度により生命権が奪われている各地の現場に立ってきたが、常に「人間の尊厳」とは何かと考えてきた。

その結論は「人間は価値において平等である」ということである。それをより具体化すると、一人ひとりは絶対に他者に取って代われない唯一無二の存在である、ということである。一九名も殺害されたという量的な問題にとどまらず、優生思想・優生的考え方や劣等処遇意識の蔓延するなか、取って代われない一人ひとりのいのちが奪われている――すなわち生命権・人権剥奪――ことを、もっと深刻に考えるべきである。

(2) ケアを受ける権利と自己決定・独立生活の保障

人間の尊厳の理念をさらに具体化した原理が自己決定・選択の自由である。自己決定とは自分の生き方、生活の質を自分で決めるということである。しかし、そのためにはいろいろな選択肢が用意されていなければならず、選択の自由が大前提となる。人権保障、そして社会福祉・社会保障制度はこの選択肢を用意・保障するものである。すべての人が十分なケアを受け、自分のことを自分で決定し、家族、施設職員や「お上」等、他者に支配されない「独立生活」ができなければならない。

4　本人の人権、家族の人権、働くものの人権、地域住民の人権

事件は、福祉施設で、（元とはいえ）ケア職員によって引き起こされた、生命権の剝奪・侵害事件である。しかし、人権侵害・剝奪は多面的・重層的に起きていることにも注意が必要である。事件後に問われている地域移行、地域生活の保障を実現するためには、地域住民との関係も重要となる。そこで、障害のある人・家族と地域住民の人権相互の調整原理が必要となるが、ハンセン病政策を明確に憲法違反と断じた二〇〇一年熊本地裁判決が明確に示している基準を参考にすべきである。(*7)

（1）障害のある人・固有のニーズのある人の人権保障

どんなに重度の障害のある人でも、どこに住むか、どのような生活をするかを自分で決め独立生活をする、その自己決定のための選択肢――施設か自宅か、別の家か――が保障されなければならない。障害＝「固有のニーズ」を満たす十分な量と質のケアが保障されれば、植松氏が「人間でない」と言うような「重度の障害者」は存在しなくなり、すべての人が人間としての尊厳ある生活を送れるわけである。

（2）家族の人権保障――親亡き後の「公助」でよいか

障害のある子をもつ親から出る言葉は、「親亡き後」への心配である。これは日本の社会保障・社会福祉の現実が、家族、とりわけ親（高齢者の場合は子どもであるが）にケアの負担を強要し、自らの人生を犠牲にするよう

強い、共倒れや介護・病苦殺人を引き起こすような水準であるからにほかならない。親や兄弟姉妹等、親族が存命中も、障害のある本人、家族の構成員のいずれもが、それぞれ独立した人生を歩めなければならない（もちろん、真の意味での自己決定に基づいて、親族の介護・ケアのための人生を選択することまで否定するものではないが）。

すでにスウェーデンでは、「固有のニーズをもつ人」の人権が十全に保障されるためには、その人だけでなく家族一人ひとりの人権、すなわち自己決定に基づくそれぞれの人生・生活が保障されなければならない、という考えから「出会いの家」が創られ、家族一人ひとりの人権保障にまで高められた「家族支援策」が展開されている。(*8)

やまゆり園事件では、被害者の名前が公表されないという問題が発生した。施設に入るということは、家族や社会から隔離され、名前を消され存在を抹消される可能性があるということでもある。しかし、このことは同時に、障害のある人の存在を理由に家族が差別され、人権としての家族が侵害・剝奪されていることを意味する。

ハンセン病家族訴訟、そして優生保護法裁判で、子どもを生み育てる権利、家族を構成する権利がクローズアップされている。二〇一九年六月二八日、熊本地裁はハンセン病患者の家族訴訟について国の賠償責任を認め、原告五五七名に一人当たり一四三万円から三三万円の支払いを命じた。患者家族への差別の実態を正面から捉えた画期的判決であり、この国・政府、そして国民のあいだに根深く存在するハンセン病への偏見・差別を解消し、すべての人の人権を保障する社会づくりに一歩を進めるものである。(*9)

判決のもっとも大きな意義は、「原告らが差別を受ける地位に置かれ、また、家族関係の形成を阻害された」として、「憲法一三条の保障する人格権侵害及び憲法二四条の保障する夫婦婚姻生活の自由の侵害により共通する損害が発生した」と認めた点である。

日本では、先のように家族が介護や扶養の義務を強調・強要され、世界にもめずらしい介護・病苦殺人などを引き起こしているが、本来、どのように、そしてどのような家族を形成するかは個々人の自己決定が保障される人権である。憲法一三条、二四条、そして二五条の家族関係形成の権利は、国際条約によりさらに具体化されている。注意しなければならないのは、家族が誰かのために犠牲になるのではなく、一人ひとりの構成員が自己決定に基づき、自分の人生を生きることができるよう、国が「できる限り広範な保護及び援助」（一九六六年国際人権規約A規約第一〇条1項）を保障するということである。

（3）住み続ける権利の保障

私は、現代的人権のひとつとして「住み続ける権利」を提唱している。(*10)「住み続ける権利」の大前提となるのは自己決定と選択の自由の原理である。どこであれ、生まれ育った地に住むか、新天地に住むか、自分が選び、決めることができ、選んだ先での生活も自分で決められる、その自己決定を国・自治体の責任において諸制度によって保障するということである。

憲法二二条の居住移転の自由を基底に――すでに二〇〇一年五月一一日のハンセン病国賠訴訟において、熊本地裁はらい予防法によるハンセン病「強制絶対終生隔離収容絶滅政策」を憲法二二条違反と断罪している――現在保障されている各種人権、労働権、教育権、生命権、生活権、健康権、文化権等により「住み続ける権利」が保障される。この住み続ける権利保障の核のひとつが医療・福祉サービス・ケア、居住等を保障する社会保障・社会福祉制度ということになる。

生まれ育った地を離れ、家族から引き剝がされ、社会から隔絶された施設に収容される。まさに、住み続ける権利の剝奪である。さらに事件後、施設から在宅、地域生活への移行の議論がされている。これは二者択一でなく、自己決定の選択肢として考えるべきである。これも北欧では、施設も個室の段階ではなく、まさに家の保障となっている。適切なケアを受けながら、自己決定に基づき、自宅か「別の家」か、どこに住むかを選び、自由で独立した生活を送れる「住み続ける権利」が保障されているのである。

(4) 労働者＝にない手の人権保障

公務員はもちろん、人権保障の砦である社会福祉施設等で、「固有のニーズ」をもつ人々にケアを提供する保健医療福祉従事者はすべて、人権、社会保障・社会福祉権、健康権等を自らの手で保障する「人権保障のにない手」である。しかし、同時に人権侵害の「にない手」になる危険性も常にはらんでいる。植松氏はまさにこのケースに当たる。真の人権のにない手を育てることが喫緊かつ重要な課題であるが、ここでは指摘にとどめざるをえない。(*11)

5 人権保障における国・政府の責任

内閣府は、やまゆり園事件を受けて談話を出している。「内閣府としても、全ての国民が障害の有無にかかわらず、互いに人格と個性を尊重し合い、支え合いながら未来を築いていく『共生社会』、『一億総活躍社会』の実現に向けて、広報啓発など具体的な取組を行ってまいります(*12)」と。

この談話は、結局は、互いに人格と個性を尊重し合えと国民に責任を押し付けるものである。しかし、国そして自治体には人権「尊重」ではなく人権「保障」の義務があり、その義務を果たさなければ責任を負わなければならない。したがって、人権を侵害するような立法・行政は、主権者たる国民の有する違憲立法審査権を司法府に行使させることによって違憲、無効とすることができるという、もっとも基本的な視点は皆無である。

この事件における国の責任が厳しく問われなければならない。具体的な動きはないが、上述のような無責任な国に対して、遺族・家族・被害者は、ハンセン病国家賠償訴訟に学んで被害者の被害、家族自らの被害に対する国家賠償裁判も検討すべきであろう。

問われるべき国の責任は大きく二つである。ひとつは事件の根幹をなす優生思想・優生学的考え、劣等処遇という偏見、そしてそれに基づく殺害という差別を「作出・助長」したことへの責任である。第二に、生命権剥奪の要因となっている、社会保障・社会福祉政策の貧困、とりわけ低水準の施設ケアを生み出し放置していることの責任である。

(1) 国の責任——偏見・差別の「作出・助長」

第一に、国や自治体は、政策、制度によって偏見や差別を「作出・助長」してはならない。政府関係者や議員による優生思想・劣等処遇意識発言、二七〇〇万人を切り捨てる「一億総活躍社会」、十分なサービス・ケアの保障を受けての独立ではなく、人の世話にならない「自立」を求め労働へと駆り立てる、つまり現にある差別多き社会への「適応」を強いるような共生社会論、さらには少子高齢化、財政赤字等を強調した社会保障・社会福祉の削減政策こそ、植松氏はじめ国民のあいだの偏見と差別を「作出・助長」するものであり、人権侵害で憲法違反と言わざるをえない。先のハンセン病家族訴訟熊本地裁判決は、人権教育・「啓発」をおこなわなかった法務省・文科省の賠償責任を認めている。

(2) 無責任体制の根源――自助・共助・公助論

第二に、事件の根本原因といえる、貧困な社会保障・社会福祉政策・制度を採り続けている国そして自治体の責任は免れない。その根幹は、少子高齢化、そして財政赤字を理由として進められている「自助・共助・公助」論(最近は「互助」も強調されている)にある。国は保障でなく支援・援助するだけというのであるが、やまゆり園のような福祉施設は、人権のにない手たる職員への労働権保障の義務を負い、人権の砦として直接障害をもつ人への人権を保障する義務があり、県や国にはその義務を果たさせるべき責任がある。ところが、植松被告人を生み出し、一九名もの命を奪うという生命権剝奪の事態を引き起こす重大な義務違反を犯している。施設の直接的責任を問うのはもちろん、国・自治体の人権保障責任が厳しく問われなければならない。

自助・互助・共助・公助論は目新しいものではない。戦前から、国による貧困者救済・救護事業に対する攻撃にくりかえされてきたものである。これに貧困自己責任論・劣等処遇論、そして恩恵主義すなわち権利の否定が加わり、現在も根強く日本社会を支配している。二〇一二年社会保障制度改革推進法により社会保障の基本とされたのであるが、国の社会保障に対する保障責任を明確に認めている憲法二五条の立法による改憲といってよい。現代的に装ってはいるが、恩恵・慈善から権利、そして権利の中でも最高位の人権として憲法二五条で保障されている現代の社会保障・社会福祉の制度的発展の歴史を無視し、恩恵の時代、一八七四(明治七)年の恤救《じゅっきゅう》規則まで時代を逆行させるものである。

おわりに

裁判は二〇二〇年一月から始まる。何より犯行に至った過程が明らかにされなければならないが、依然として闇のままである。とりわけ本人の生育歴、措置入院時医療の実態、やまゆり園の福祉サービスの実態、家族と周囲の関係、家族の意識等が明らかにされなければならない。それあってこその再発防止である。そのためにも、死刑を急ぐべきではない。非暴力そして死刑制度廃止を再度訴えたい。

注

＊1　私自身の作業として、井上「障害をもつ人と人権」（『障害者問題研究』第四五巻三号、二〇一七年）、「共生社会と人権としての社会保障――津久井やまゆり園殺傷事件が社会保障法学に問いかけるもの」（『社会保障法』第三四号、二〇一八年）をご覧いただきたい。

＊2　障害法学会は、シンポジウム「相模原障害者殺傷事件と障害法の課題」（二〇一七年一一月、第二回大会）を開催している。

＊3　その主張は、月刊『創』編集部編『開けられたパンドラの箱――やまゆり園障害者殺傷事件』（創出版、二〇一八年）参照。面会記録については『創』二〇一八年一一月号、社会福祉・施設の実態については同二〇一九年八月号の対談をご覧いただきたい。

＊4　T4作戦等については、藤井克徳『わたしで最後にして――ナチスの障害者虐殺と優生思想』（合同出版、二〇一八年）参照。フォン・ガーレンの演説についてはNHK「それはホロコーストの〝リハーサル〟だった～障害者虐殺七〇年目の真実」（二〇一五年一一月七日放映）で紹介された。

＊5　衆議院議長への手紙、および本書第1章佐久間論文等を参照いただきたい。
＊6　他に、矢嶋里絵ほか編『人権としての社会保障――人間の尊厳と住み続ける権利』（法律文化社、二〇一三年）参照。
＊7　詳しくは井上『患者の言い分と健康権』（新日本出版社、二〇〇九年）をご覧いただきたい。
＊8　北欧については井上「ノルウェーから学ぶもの――ノルウェー方式と日本のハンセン病政策」（『ゆたかなくらし』二〇一五年六月号）、訓覇法子「地域移行に伴う家族支援の増大と公的施策――スウェーデンから学ぶもの」（『社会福祉研究』第一二四号、二〇一七年）を参照。
＊9　この点、井上「ハンセン病政策の被害実態――家族を奪う、子孫を奪う断種・堕胎の強制」（『ゆたかなくらし』二〇一六年八月号）、「ハンセン病家族訴訟熊本地裁判決――新たな一歩」（『ゆたかなくらし』二〇一八年一二月号）参照。
＊10　井上『住み続ける権利――貧困、震災をこえて』（新日本出版社、二〇一二年）、井上はか編『社会保障レボリューション――いのちの砦・社会保障裁判』（高菅出版、二〇一七年）参照。津久井やまゆり園殺傷事件の差別・人権剥奪の構造、そして克服の方法はハンセン病問題と通底している。
＊11　この点、本書第2章鈴木論文、および井上「マンパワーからヒューマンパワー＝人権のにない手へ」（『医療・福祉研究』一六号、二〇〇七年）を参照いただきたい。
＊12　内閣府「相模原市の障害者支援施設における事件を受けた取組について」http://www8.cao.go.jp/shougai/sagamihara_jiken/index.html（二〇一八年九月一日閲覧）。

COLUMN

胸を張るとき、差別が逃げてゆく

林　力（ハンセン病家族訴訟原告団長）

「勝った」——家族訴訟勝訴

二〇一九年六月二八日、熊本地裁法廷の傍聴席は満席で、静かな中にも緊張感が張り詰めていた。「被告・国側に対し、原告に対し一人三三万円から一四三万円の支払いを命ずる」という裁判長の感情を殺したような小さな声は、近ごろとみに遠くなってきた私の耳にはとても聞きづらかったが、裁判長が判決を読み出して五分あまり経つとき、国側代理人一〇名余りが申し合わせたように、そのまま席を立った。そのことから、私の胸に「勝った」の思いがこみ上げた。

裁判官三人が退席するのを待っていたかのように、傍聴席からざわめきが起こった。「勝った」の声もあった。「勝った」のだ。ざわめきを背に聞きながら、私は原告席に座ったまま「勝った」との思いを噛み締めた。ややあって、斜め前の弁護団席に歩み寄った。みんなまだ着席している弁護団の中で、前列最右翼に座っている徳田靖之弁護団長に握手を求めた。「先生、勝ちましたね」。お互いの口から漏れた。

徳田弁護士は大分在住の人だが、人権派弁護士としてつとに知られていた。ずいぶん前から、私の父親が収容されていた鹿児島県の国立療養所「敬愛園」にも人権相談に通い詰めておられた。日豊線沿いの大分から敬愛園は遠い。北九州市小倉に出て博多、熊本、鹿児島まわりである。敬愛園入所者のあいだに徳田弁護士を知らない人は数少ない。銭にならない仕事のできるお方だ。

安すぎる賠償金

先の熊本地裁判決は原告側・国側ともに認め、控訴期間はすでに過ぎ確定している。それにしても、先に述べた原告の人々への賠償金はあまりにも少額ではないのか。それぞれの人が、遺伝などないと言われても、いつ自分が発病するか、おののいてきた。ハンセン病患者の身内として疎外された言い知れぬ心情は、超エリートの裁判官たちにはとても理解できぬことであろう。最高一四三万円、おそらく弁護料などの支払いの後に残るのは一三〇万円程度であろう。私の個人的心情では返上したいとさえ思う。流し続けた涙の代償としてはあまりに少額ではないのか。金額そのものの少なさというより、ハンセン病患者の身内であることによってもたらされた有形無形の被害を、この程度にしか捉えていないのかという根本的な問題である。損害賠償額算定の判例により判断したというのであれば、新しい判例を作ってもよいのではないかとも思う。

逃亡者としての長い道程

父が国立療養所敬愛園（当時・鹿児島県大姶良郡大姶良村、現・鹿屋市星塚町）に収容されたのは一九三八（昭和一三）年。無らい県運動がこの当時、全国的に展開されていたことは後で知った。八月の末日のこと、父は痛めた足を引きずり（入所後切断）、暑さの中、中折れ帽子を目深くかぶっていた。多分、抜けだした眉毛を隠すためであったろう。曲がった右掌に小さな風呂敷包みを引っ掛け、「父ちゃん」という私の呼びかけにも応ぜず野辺の向こうに遠ざかった。父四〇歳の働き盛りのとき、一人っ子の私は一三歳、小六であった。

数日後、突然、白塗りの消毒車が来て、白装束に身を固め目だけ光らせたゴム長靴の屈強な男たち数人が、留守を守っている母親に声ひとつかけないままドヤドヤと畳の上に上がりこんで、家じゅう、井戸、庭の草木にまで白い粉を振りまいて、無言のまま逃げるように引き上げていった。この消毒以来、母の近所づきあいもなくなり村八分状況になり、学校の子どもたちの「くされの子」の大合唱は酷くなった。二学期が始まって少し経ってから、私たちは伯父を頼り東京に出ることになる。いわば逃亡のはじまりである。

母や伯父、そして父からの手紙にも、「おまえはこの父のことを隠せ。らい患者の身内の者であることを暴かれ幸福になった者など誰ひとりいない。これはおまえに何ひとつすることのできなかった父の只ひとつの願いである」とあった。その後、私は兵役、そして教員生活を経るわけであるが、隠しに隠していた父のことが刑事によって暴かれ、好意を抱いていた同僚教師とも引き裂かれてしまった。まさに「差別は人を引き裂くもの」であった。

差別が逃げていく

こうして、隠しに隠してきた逃亡者生活を大きく変えたのは、日本の敗戦後一九五三年、福岡市長選挙差別事件をきっかけに、九州・福岡ではじめて同和教育運動を提起、必然的に一九二二年三月京都岡崎公会堂で発せられた「水平社宣言」を読んでからである。とくに「エタである事を誇り得る時が来た」という一文にとらえられた。「エッタ、エッタ」と迫害する差別社会のもとで胸を張った人々。差別的な時代への決別宣言として、「エッタ」であって何が悪いかねと胸を張って居直ったのだった。拙著『解放を問われつづけて』(明治図書出版)で、父がらい患者であったことを世に語った。

一九七四年のことだ。被差別の側の者が胸を張って生きているとき、差別は逃げていく。逆に被差別側が隠し続けようとすると、不思議と暴かれるものだ。それは実感としてある(『父はハンセン病患者だった』解放出版社、二〇一六年)。

ハンセン病患者の父がいたために初恋の人に去られもしたが、同和教育運動に出会い、水平社宣言を読むことになる。「エタである事を誇り得る時が来た」のひと言が胸に刺さり、父が「らい患者」であると胸を張った。人々は驚いたが、それが差別としてはね返ることはなかった。

まさに、父ありてこその人生だったと思う。

浄土から父の声が聴こえてくる。「課題は残るがいい判決を獲得した。心から拍手を送りたい。これからも関係者が手を携え、あらゆる分野の人権を守る運動を続けてほしい」と。

COLUMN

いのちの選別を許すな

徳田靖之（弁護士、ハンセン病家族訴訟弁護団共同代表）

ハンセン病患者もその優生手術の対象とされた旧優生保護法は、その目的に「不良な子孫の出生を防止する」と規定している。つまり、「不良」な子孫がこの世に生まれ出ることを防ぐことを目的とする法律であり、そのことは、その母体も「不良」、つまり、この世に生きている価値がない存在であるとみなされていることを意味する。

こうした形で、精神障がいや知的障がいのある人、あるいはハンセン病の患者を「生きている価値がない存在」であると決めつける法律が、日本国憲法下において五〇年以上も存続し、その違憲性が正面切って問われることもなかったということが、やまゆり園事件をもたらしたのだと私は考える。

ハンセン病の場合には、「らい予防法」と「優生保護法」のもとで、生きるに値しないとして多くの赤ん坊と胎児の命が奪われた。その実数は五〇〇〇とも七〇〇〇とも言われている。私たちの社会はこれらの事実を、ハンセン病だからという理由だけで許してきた。

一方で、ハンセン病患者の家族は「恐ろしい伝染病の潜在的感染者」であるとして、社会の中で生活していくことを拒まれ、排除され、そのゆえに、家族に患者がいたという事実をひた隠しに生きるという生を余儀なくされてきた。先のコラムを寄せた原告団長の林力さんもそのひとりである。その意味で、家族たちも人並みに生きるということを許されなかった命として選別されてきたのだ。

何よりも重要なことは、こうした選別を最先端でおこなってきたのが、この日本社会を構成する私たち一人ひとりだったということだ。やまゆり園事件と、その後のネット上での反応が露わにした命を選別する考えは、こうした長い長い歴史を背景にしていることを私たちは忘れてはならない。

社会の役に立つかどうかという「ものさし」で命を選別し、価値のない命は抹殺され、あるいは放置されても仕方がないという風潮の広がりに、私たち一人ひとりが危機感を抱いて、どう抗うのかということが、いま切実に問われている。ハンセン病差別を克服するたたかいも、その抗いのひとつとなりたいと願っている。

第4章　〈座談会〉やまゆり園事件を生んだ現代社会と、めざすべき社会

池上洋通（ＮＰＯ法人多摩住民自治研究所理事、日野市障害者関係団体連絡協議会監査）
井上英夫（金沢大学名誉教授）
白神優理子（弁護士、「わかはち」顧問）
藤井克徳（ＮＰＯ法人日本障害者協議会代表、きょうされん専務理事）

井上　やまゆり園事件について発言、活動を続けてきた皆さんと、事件後三年を経た現在の認識とともに、今後どのように社会を変えていくべきかを議論したいと思います。まず、事件の第一報を聞いたときに、どんなことを考えたかを振り返っていただけますか。

第一報の衝撃

藤井　私はちょうど事件の一年前に、ＮＨＫ取材班とともにドイツに足を運んで、ナチス・ドイツの「Ｔ４作戦」（価値なき生命の抹殺を容認する作戦）を取材してきました。その取材で追体験したことが、この事件とオーバーラップするように感じました。

事件当日は、早朝から原稿を書いていて、四時半過ぎだったと思いますが、かけていたＮＨＫのラジオの速報で事件を知りました。第一報の時点では二人死亡、数人が負傷とありました。六時、七時と経過するにつれ犠牲者が増え、職場に到着した後のニュースでは一九人が死亡、二十数人が負傷と報じられました。私もそうでしたが、日本中が震え上がったのではないでしょうか。
事件のあったその日から、全国の障害当事者から電話やメールなどで率直な思いが寄せられました。たとえば知的障害の人たちは、テレビでくりかえされる凄惨な描写に、異口同音に「怖い」と言っていました。身体障害の人たちも、いつも自分に刃物が向けられているような感じがして、街を歩く感覚が普段とは違うと話していました。一方で、精神障害の人たちは、またぞろ偏見や誤解が強まり、入院政策が強まるのではという不安を口にしていました。障害の状態によってさまざまですが、強烈な不安や恐怖は共通するものでした。私自身がもっとも衝撃と恐怖感を覚えたのは、容疑者が「やまゆり園」の元職員だったことです。自分が働いていた施設の利用者を刺殺するというのですから、それは想像を絶することでした。加えて、長年にわたり障害のある人の権利保障の運動に身を置いてきた立場からすれば、言いようのない不甲斐なさを覚えました。

白神　私は弁護士になって六年目ですが、過労死など労働者の権利にかかわる案件などを手掛けつつ、憲法についての講演もあちこちでしてきました。事件直後には、やはり事件の残虐性そのものに衝撃を受けました。そして、その後の報道で容疑者が「重度障害者には生きている価値がない」といった考えを口にしていたと知って、より深い衝撃を受けました。社会の中の差別意識が一人ひとりの中に巣食い、このような容疑者の考え方に結びついたのだと。にもかかわらず、マスメディアでは容疑者の異常性だけに注目した報道が多いことに違和感を感じたのを覚えています。
事件から一年ほど後、地元の「わかはち」という若者のグループで、事件について学びたいという声が上がって、現地でのフィールドワークを企画しました。大学生も含め二〇名ほどが参加して、元施設職員の太田顕さんに案内してもらい、住民の方とも意見交流をしました。その前後に学習の集いをもつなかで藤井さんとも知り合って、若者たちと藤井さんの座談会もしていただきました。

井上　そうした若い人たちの学ぶ意欲は心強いですね。

公的な福祉施設で事件が起きた意味

井上　事件の後、多くの人が「ついにこうした事件が起きてしまった」「どこで起きても不思議はなかった」といった感想を口にしました。つまり、この事件は被告人個人の特異な考えや行動だけで引き起こされたというよりも、社会福祉・社会保障制度の貧困、さらに言えば哲学・思想、人間観の貧困によって引き起こされたという普遍的な性格を持っている。そのように捉えて真相を明らかにしていかなければ、いつまた同様の事件が起きても不思議はないと私も感じました。

池上　私は、地方自治体の福祉政策や地域の障害者運動に携わってきた経験から、この事件もやはり地方自治の問題として考えています。事件後も、やまゆり園がそもそもどういう性格の施設だったのかを真っ先に考えました。公共の施設はすべて、住民の人権を保障し実現するために存在する。とくに入所施設は障害をもつ方の生活の場であって、そこでは全面的に権利が実現されなければならない。たしかに人里離れた土地への隔離という問題はありますが、それをおくとしても、そこでは最大限に人権が保障されなければならない。そうした場所で事件が起きた意味を根本から考えなければならないと感じて、井上さんと藤井さん、そして石川満さんに呼びかけて前回の本『生きたかった』を作りました。石川さんも元自治体職員で、同書の中で福祉行政のありかたを批判的に検証しています。

藤井　行政の問題ということでは、この事件については最初から行政の動向が不可解でした。国と神奈川県が相次いで検証委員会を設け、それぞれ二〇一六年の一一月から一二月にかけて報告書が取りまとめられています。しかし、とくに国の検証結果は内容がお粗末で、まるで精神医療の措置入院制度ひとりに問題があったかのような書きぶりになっています。最大の問題である、植松被告人が「障害者は不幸しか作れない」とする考え方に至った背景にはまったく言及がありません。あまりに浅薄なもので、これが刺殺された一九人を含む四六人の被害者に報いるものかと、深い疑問を感じました。さらに不信感を募らせたのは、政府の代表者による事件への公式な見解がなかなか出なかったことです。安倍総理がはじめて事件に本格的に言及したのは、翌年一月の国会での施政方針演説です。しかしその内容はといえば、これまた措置入院制度に問題があったので精神保健福祉法を改正すべきだといった論調でした。要するに、国からも神奈川県からも、事件の本質に関連する見解は示されませんでした。違和感を強くした行政の動きでした。

犠牲者の名前が語られないこと

池上　もうひとつ大きな問題として、被害者の名前がいまだに公表されていないことがありますね。これも重大な人権侵害だと私は思っています。ご本人は亡くなっているわけですから、本人の希望で匿名にしているのではない。「子どもの権利条約」の第七条には、子どもは「出生の時から氏名を有する権利及び国籍を取得する権利を有する」

池上洋通

と記されています。このように、氏名は人としての根本的な権利なのです。

一人ひとりの具体的な個人に向き合い人権を保障するためにこそ、中央政府や自治体政府がある。その個人の名を隠して「障害者」という大きなくくりでしか表現しないことは、とくに個人に向き合うべき地方自治体政府がその役割を捨て、文字通り個人の尊厳を無視する行為だと私は思います。たしかに家族の希望を踏まえているのですが、では親族がそう希望する根拠は何か。

個人的な経験ですが、私自身も先天異常で生まれました。当時、医者は「死産として処理しましょうか」と母に尋ねたそうですが、母親は「育ててみたい」と言ってくれたのです。小学生のとき親戚から「おまえが先天異常で生まれたことは外で言わないほうがいい。姉ちゃんが困ることになるから」と言われました。つまり、姉の結婚などに差し障りがあるという意味です。正直そのときはよく理解できていなかったのですが、優生思想という言葉を知る以前から、そういう実体験として肌で感じてきたものがあります。

大人になって市役所に務めましたが、そこの先輩のひとりが、障害をもつ子どもがいることを誰にも言わず隠していました。周囲はみな知っていたのですが、遠くの施設に入れて、周囲には一言も言わない。人間としては優しくて立派な方でしたが、そうやって障害をもつわが子のことを隠していた。その人を批判したいのではなく、そうせざるを得なかったに違いないのです。そういう状況がいまもあるから、やまゆり園の家族も名前を出すことに同意しなかったのでしょう。

藤井　先ほど話したように、事件の一年前にナチス・ドイツ時代の「T４作戦」を取材してきたのですが、ドイツでいま起きている問題のひとつは、被害者に対する補償法を作ったのに、なかなか家族が手を挙げないということです。つまり、家族に障害者がいたことを表立って言いにくい。相対的にみて人権意識の高いドイツでさえそうなのです。実際に遺族のひとりに会いました。その方は弁護士で、犠牲者からみて姪に当たる人です。彼女の父親は、自分の妹が障害者で、ナチスによって殺害されたことを、死ぬまで彼女に明かさなかったのですね。たまたま彼女は親戚が持っていた写真を通してそれを知るのですが、ナチスに対する怒りを感じると同時に、父親が自身の妹のことを隠していた事実にも、大きなショックを受けたのです。自分の父親も内なる差別意識を持っていたということに。

日本国憲法第一三条の「すべて国民は、個人として尊重される」の規定や、障害者の権利に関する条約（以下、障害者権利条約）の第三条にある「固有の尊厳」からみても、犠牲になった方々が匿名のAさんやBさんとしてしか語られないことは、あまりにもつらい。ただ、実際にご家族とも接触して、彼らが匿名を求めざるを得ない気持ちも伺っています。公表してほしいという思いが半分、理解せざるを得ないというのも半分。その二面を見なくてはなりません。同時に、両面の距離を縮める努力も必要です。

藤井克徳

事件に関連して、いくつかの短歌を詠んでいますが、最近のものを紹介します。

「私の名　生きた証のそのひとつ　名乗れる日こそ社会の潮目」

白神　私たちのフィールドワークでも、若者から一番多く出た質問が匿名の問題でした。むしろ彼らは、マスコミ側の差別意識から匿名にされたのではと考えていたようですが、ご家族がそれを求めたと聞いて衝撃を受けていました。実は、参加者の中にも障害をもつ家族がいる若者が何人かいました。終了後の懇親会ではじめて話してくれたのですが、なかなか周囲に言いにくいということに、他の子たちも共感していました。

井上　私はハンセン病問題にずっとかかわっていますが、ハンセン病の方も、やはり多くが園名といわれる通称を名乗っていますし、いわゆる社会復帰後もなかなか公言できないのが実情です。かつての朝鮮半島での創氏改名もそうですが、名前を変えられたり消されたりするというのは、個人としての存在自体を否定されることです。ただ、今回の事件とは離れた一般論として、事件報道において被害者の実名が報じられるべきなのか、それが被害者の人権保障に役立っているのかという議論は必要だと思います。

三年後のいまも克服できていない課題

井上　事件後三年が経過して、新たに出てきた論点や視点などはありますか。

池上　前回の本にも書きましたが、この間、私が直接に取り組んできたのは、私の住む日野市で新しい障害者条例を作ることでした。足かけ四年、当事者団体も参加し八〇回近い学習会を重ねて条例案を作りました。それを受けて市の策定委員会が発足し、障害当事者を議長にして、私たちの案を踏まえた条例案が策定され、パブリックコメントを経て九月に制定、来年四月に施行される予定です。

その経験からあらためて痛感したのは、障害者の課題が、地域の一般市民や社会的な活動の中でほとんど取り上げられてこなかったということです。市民運動家と言われるような方でも、障害者差別について驚くほど知識がなかったりします。日野市では一九七五年にできた障害者団体の連合組織があり、二〇以上の加盟団体が活動しているのに、市民の常識になっていないのですね。私はこの問題をやまゆり園事件と重ねて理解してきました。

あの事件について人々に正面から理解してもらうには、どう語ればいいのか。そこで何を理解してほしいのか、私たちが謙虚に、わかりやすく語るだけでなく、われわれ自身がどれくらい深く事件の本質を理解できるかが課題だと思います。

藤井　私は、この事件には三つの要素があると考えています。ひとつめは優生思想が基盤にあるということ。二つめは無抵抗な者が被害に遭ったこと。三つめは不可逆的、つまり元に戻れない行為をしてしまったということ。この三つから考えると、近年起きている障害者をめぐるさまざまな問題が共通性を持っていることがわかります。たとえば、優生保護法による強制不妊手術の問題。これも優生思想に基づき、無抵抗な者――主には知的障害や精神障害の人が被害者となった。そして、手術を受けた人びとの身体と人生は元には戻せません。

同じように、中央省庁における障害者雇用の水増し問題も、やはり障害者を雇い入れたくないという思想が根本にある。「官製の障害者排除」であり、広い意味での優生思想です。そして、本来なら雇われたはずの何万人にも及ぶ障害者は、いまとなっては何も抵抗できません。そして、おびただしい数の失われた労働権の回復は不可能です。

長らく続いている精神障害者の社会的入院問題も同様です。そこには社会防衛思想（隔離したほうが社会の安全が保てるという考え方）と重なりながら、優生思想が横たわっています。長期入院で自由を奪われているのは無抵抗の精神疾患にある人たちです。入院期間が二〇年とか三〇年という人もめずらしくなく、多くは青春時代を棒に振ったのです。

こうしてみていくと、障害のある人の人権侵害というのは、やまゆり園事件を含めて、その構造に共通点が多いことに気づかされます。

井上　この三年間に浮かび上がったいろいろな問題——私はマグマが噴出したという言い方もしますが、その共通の根としてある優生思想・優生的考え方の根深さを痛感しますね。社会保障・社会福祉のさまざまな領域で直面するのが劣等処遇意識、さらには惰民《だみん》観です。すなわち、福祉の世話になるような者は人間として劣等で、怠け者であり、一般市民とは異なる低劣な扱いをして当然だということ。そして、福祉の恩恵を与えすぎると人間は依存するから甘やかすべきでないという考え方です。生活保護などに顕著にあらわれますが、こうした思想や考え方を克服しない限り、事件の教訓を生かしたことにはなりません。

被告人の人物像と内面

井上　被告人の人物像とその動機についての議論に移りましょう。私も事件以降、本人と面会もし、いろいろな方に聞き取りを重ねていますが、その中でますます思いを強めているのは、植松氏（罪が確定していませんからこう呼びますが）の考え方や行動がどうしても理解できないということです。どういった家庭環境や教育、社会的環境のもとで、ああした考え方を持つようになり、実行するに至ったのか。謎が深まるばかりだというのが本音です。藤井さんは植松氏と面会を重ねていますが、いかがですか。

藤井　事件直後はどうしても会う気持ちになれなかったのですが、今年（二〇一九年）になって気持ちを切り替えました。二月から四月にかけて、月一度のペースで三度面会しました。手紙も何度か交わしています。

私の最大の関心は、井上さんと同じく、彼がなぜああいう考えや行為に至ったかの背景でした。最初に会ったときの印象は、ある種の「期待外れ」という感じでした。拍子抜けという表現のほうが正しいかもしれません。

第一声をどう切り出すかなど、かなり緊張して臨みましたが、結論から言うと、肝心の植松氏の言動の背景にかかわる深い問答には至りませんでした。この点に立ち入ろうとすると、彼はイライラ感を前面に出し、それ以上話が進まなくなるのです。一貫して言っていたのは——というより、ますます強まっているように思えたのが——障害の重い人への差別の感情です。障害の重い人のことを「心失者」と呼称し、あるときの面会では「彼らは動物以下」とも言っていました。

優生学というのは、それなりの学問体系から成り立っているのですが、植松氏との会話からは、学問的な視点は感じられませんでした。被告人の言動の背景については、心理学や精神医学の知見も踏まえて今後の公判の中で解明されていくことを期待します。

井上 私も一回だけ面会しましたが、同じ印象を受けました。そこで彼が癇癪《かんしゃく》を起こして「もう会わない」と言ったので、それきりになっています。要するに、面会中に机を叩いて私に「キレた」わけです。

白神 どういうタイミングで？

井上 月刊『創』（二〇一八年一一月号）で篠田博之編集長がレポートを書いていますが、そこでは国家財政の問題についての私の発言に激高したとされています。その前日にも同じ調査チームのメンバーが面会していて、そこで彼が「日本の財政赤字がこれだけ積み上がっているのに、重度障害者を養い続ける余裕なんかあるのか」と議論を投げかけたのに、はぐらかされたと感じて苛立っていたのだと。

ただ、私自身の実感は少し違って、彼の気にさわったのは私が「人権について勉強したことある？」と尋ねたこと、さらに「君は褒められたことあるの？」と聞いたことではないかと思います。彼は、誰かに褒められたいという気持ちを強く持ちながら、あまり褒められてこなかった。逆に叱られてもこなかった。やって良いことと悪いことを教えられてこなかったのではないかと思います。

報道の中では優生思想が背景にあるとさかんに言われましたが、実際に彼にはそんな思想や知識もない。記者などが話を聞きに行くものだから彼は得意になって喋るわけですが、実際には単なる思いつきであったものに、後から仕入れた知識を後付けしているだけなのではないか。残念ながら、そう感じます。

藤井　私との面会でも彼は一度感情をあらわにしています。私に対しても「藤井さん、この国の財政は大赤字なんです。働いて価値を生み出さない心失者のために、人手とお金をこんなに使っていいんですか」と彼は言いました。そこではやはり「生産性」という考え方が基軸になっていることは間違いない。彼の発言には一貫しないところが多々ありますが、その中でもそこはぶれないというか、非常に凝り固まった確信としてある。手紙でも同じことをくりかえし書いています。やはり「生産性」はこの事件のキーワードです。

民営化・新自由主義という背景

白神　私たちのフィールドワークで太田顕さんから教えてもらったことのひとつに、やまゆり園が事件の前に民営化されていたということがあります。指定管理者制度に移行して、予算も数億円レベルで削られていたと。地域の方のあいだにも、以前は職員さんたちが生き生きと働いていたのに、民営化後は疲れた顔で通勤する姿が気になっていたという声がありました。

事後学習会の中でもこの民営化の問題を議論したのですが、参加していた若い教員がこう発言しました。「植松被告の行為は絶対に許されないけれど、同時に彼と自分とは、同じ延長線上にある気がする」と。なぜかというと、教育現場でもあまりにも予算と人員が削られるなかで、心のどこかで「生徒たちのせいで苦しいんだ」と思ってしまう瞬間があると。冷静に考えれば違うとわかっているのだけれど、日ごろ直接に接する生徒たちが「効率よく仕事をこなしたいのに、それを邪魔する存在」と見えてしまう瞬間があるというのです。

いま、若手教師のあいだに「ブラックスキル」という言葉があるそうです。それは、生徒に恐怖やショックを与えて言うことを聞かせる技術といった意味で、たとえば体育の授業中に騒いでいる生徒がいたら、ボールをハサミで突き刺してバンと破裂させる。すると生徒が驚いて静かになる。そんなふうにして、生徒を黙らせてやりました、といったことが教員のあいだで語られるときがあるというんですね。予算や人員を削られ、効率性が追求されるなかで、思い通りにならない生徒や利用者を敵視する感覚が生まれてしまうのかもしれません。

もうひとつ考えたいと思うのは、彼自身も、もしかしたら被差別者だったかもしれないということです。「褒められたことあるの?」と問われてキレたというのは、やはり彼の中にある劣等感、虐げられたり評価されなかったりといった経験があり、そこに対する理不尽さを感じてきたのではないでしょうか。私自身、刑事事件で被疑者・被告人の面会などをしてきた経験からそう感じます。彼を異常者として断罪し、彼のような人間を排除していくやり方が再発を防ぐことになるのかにも注意して議論したいと思います。

白神優理子

井上　彼個人の要因と別に、やまゆり園の福祉ケアの質がいかなるものだったのかは検証すべき点で、民営化の問題もそこに絡んでくると思います。植松被告は「やまゆり園はいい職場だった」「介助は楽な仕事だった」と語っているわけですが、その意味も考えたい。彼はその理由を「見守るだけの仕事だから」、暴れる利用者もいたのではと聞かれると「押さえつけるだけです」と。つまり、見守るだけ、拘束するだけという考え方が職場の中になかったか。元職員にも聞きとりをしていますが、実際に拘束虐待があったという証言もあります。そういう施設で三年間働くなかで、彼の考え方が形成された部分はなかったか。

指定管理になったとはいえ、やまゆり園は県内でも比較的水準の高い施設で、労働条件も比較的ましだったと言われます。私たちも、当初は職員数や配置の問題ではないかと考えていましたが、調査するなかで、さらにケアの質、職員の質に目を向けるべきと感じるようになりました。介助や見守りだけではなくて、本人の意思をどう確認し、どうケアするか、そこに固有のニーズを見出しどう保障していくかといったことを、きちんと考えたケアがおこなわれていたか。残念ながら、その水準は決して高いとは言えなかったのではと感じざるをえません。

白神　民営化されたことで、職員の研修や教育の機会が減ったという側面はなかったでしょうか。

井上　そこははっきりあったと思います。ただ、「民営化」は国や自治体の人権保障責任を民間に転嫁するもので問題ですが、それ以上に介護保険導入以降の「営利化」路線が、社会保障・社会福祉の水準引き下げに大きく作用しています。

池上　いまこの国で起きている最大の問題のひとつが、公務公共労働の破壊です。障害者福祉だけでなく保育園なども次々民営化されていますが、それを考える際の基準として、そこで育つ子どもの権利を第一に考えるということを蔑ろにしてはならない。また同時に、そこで働く労働者の権利も保障されなければならない。民営化を論じる際の基準はそこに置くべきと思います。

公務労働・福祉労働者の待遇の低さ

藤井　植松被告人が生まれ、二六年間生きてきた社会を考えた場合、この間の日本は格差社会や弱肉強食社会などと揶揄されるように大きく変貌しました。端的に言えば、新自由主義の猛威が社会を覆いました。その結果として、さまざまなひずみがあらわれています。その典型のひとつとして、「生産性」や投資効果の乏しい社会福祉分野が軽視されるようになりました。具体的には、福祉労働者への公費の裏打ちが縮減され、労働者一般の労働条件と比較しても低劣な状態に置かれています。福祉労働者の低賃金の背景にあるのは、その労働の対象を軽んじることです。すなわち、障害者や高齢者に公費を注ぎ込んでも見返りが少なく、無駄金同然だという考え方です。

新自由主義政策は、民間委託も加速させています。事件の舞台となったやまゆり園も例外ではなく、公設民営（神奈川県立の社会福祉法人運営）の道を余儀なくされました。有形無形で負の影響がありますが、低賃金への傾斜など、施設職員の労働条件は明らかに劣化しています。こうした社会の変貌や、社会福祉分野の変質はなんらかの形で被告人の障害者観や支援観にも影響しているのではないでしょうか。

もうひとつ挙げておきたいのは、被告人が犯行の期日を明確に意識したのは措置入院中だということです。事件直前の二〇一六年二月一九日に、彼は「障害者を安楽死させるべきだ」と述べて通報され、措置入院の手続きが取られました。そして二週間後に退院しますが、その間に彼が受けた精神科病棟での扱いはどうだったのか、そこでの心理状態はどうだったのか、事件の引き金と無縁ではなさそうです。

井上　人権保障においては、当事者の人権と、そのために働く人権保障のにない手の人権の両者が保障されなければならないと、私もずっと主張してきました。福祉労働者の人権が保障されなければ、障害のある人の人権も保障されない。しかし、公務労働者のあいだでも人権のにない手としての意識は薄れる一方です。劣悪な労働条件の中でも心ある職員の方々は、いい仕事をしようと努力されてきましたが、そういう努力と信頼をこの事件はひっくり返してしまった。たんに労働条件が良ければいい仕事ができるというのではなく、そこに人権のにない手としての自覚が不可欠です。加えて職場の共同性、つまり民主主義的な人間関係の中で人権意識を高めあう職場であること。残念ながら、やまゆり園の元職員に聞き取った限りでは、そういうことはほとんどなかったようです。元職員の多くはいまだ公に発言していませんが、真の検証のために、彼らの今後の発言に期待しています。

白神　職員が人権意識や専門性を持つためにも研修や教育が不可欠で、やはり予算や人員の余裕がなければできません。いま、どこの医療施設も福祉施設も、そういう余裕のない状況におかれているのではないでしょうか。被告人自身が明確に意識していたかは別として、職員の賃金も低く予算も削減されていて、国や社会から大事にされているように思えない。そして、利用者の家族からも見放されているように見える。そうした背景が、彼にとっては自分が見捨てられた場所にいるという認識を育て、役に立たない命を選別するという意識を形成してしまったのかもしれません。

池上　費用対効果論という指摘がありましたが、現在の日本の公共政策は、そうした論理すら超えてしまっているのではと感じています。たとえば東京の多摩地域などは、日本中でもっとも財政力の高い市町村なのですが、どの役所に行っても非正規雇用の職員が半分近くいます。つまり、一般的な投資効果論を超えて、公務公共労働そのものが破壊されている。やまゆり園だけが特殊なのではなくて、日本中で同じことが起きていると考えるべきです。もちろん、その上で植松氏個人や施設固有の特殊性もあるのですが。いま、なぜこの時期に事件が起きたかという歴史的な視座が必要です。

優生思想についても、それが形成された歴史的系譜とともに、人々のあいだにそういう考え方がどう根を張っていったかを重ねて考えなければいけない。わかりやすい例で言えば、日本の福祉制度に特有のものとして障害の等級制があります。少なくとも先進国のあいだで、障害者に一級、二級と等級をつけるなどという制度を持つ国はありません。いわば福祉の中にさらに優生思想を持ち込むような制度が、なぜ温存されているのか。

植松氏は「あの人たちは安楽死させてあげたほうが幸せだ」と書いた。そこに深い思考があったかはともかく、そう言わせてしまった歴史的背景とは何か。人権のにない手である公務公共労働を軽視し、為政者そのものが人権を軽視してきたこと。そういう政治を許してきた歴史を反省的に論じる必要があります。

人間の尊厳を軽視する政治の系譜

井上　植松氏は、衆議院議長に手紙を渡す前に安倍首相に同じ手紙を渡そうとしていました。その文面には、障害者を抹殺することが日本と世界経済のためだという彼の主張を、政府も理解し褒めてくれるだろうという期待があらわれています。彼なりに、いまの政治の方向と自分の考えに共通性を感じ、それに後押しされた面もあったのではないでしょうか。

藤井　現在の社会にあって、事実として障害者が大切にされていないのです。それが彼の認識や思想に少なからず影響しているように思います。大切にされる人の条件が「生産性」であり、それが劣る人はまるで人間の価値までも劣るとみる。こうした歪んだ社会が、植松被告人の歪んだ言動を後押ししたのです。

白神　「生産性」という考え方は新自由主義と親和性が高いですよね。規制緩和や法人税減税で大企業を優遇し、大企業が空前の利益を上げることが何より大事だというのは、現在の政権の方向性でもあります。その中で、人間を個人としてではなく利益創出の道具とみる見方が出てくるのではないでしょうか。

池上　もうひとつ、忘れるべきでないのは軍事ですね。要するに、兵士として役に立つかどうか。戦前から一貫した障害者差別の根源にあるもののひとつはそれなんです。

藤井　ナチス・ドイツの障害者安楽死の対象基準は、まさに「働けない者」そして「兵力にならない者」でした。

白神　軍国主義も新自由主義も、人間を目的のための手段とみるところでは共通していますね。めざすのは戦争の勝利であったり、企業の利益競争であったりしますが。藤井さんの著書から学んだことですが、差別や優生思想がいかに国家に利用されてきたかということを、私たちはもっと知る必要があると思います。「差別はいけません」というと道徳教育的な、心がけの問題にされやすく、ともすればこれは「自己責任論」や「忖度《そんたく》意識」に結びついてしまう危険があると思うのですが、社会の中に差別があることで利益を得る人間がいる。そういう構造的な問題としてみる必要があるのではないでしょうか。

究極的に、私たちが考えるべきことは、個人の尊厳が真に実現される社会をどう創っていくか。それを考えることは、主権者である私たち自身の権利であり責任です。若者との座談会の中でも、藤井さんがそういう質問をしてくれました。「君たち自身が、もっと個人として尊重されるために、どんな制度や政策を望みますか」と。そう考えることで、一人ひとりが清らかな心を持ちましょうという道徳の話から、社会を形成する主権者としての政策論へと脱皮できる。そういう考え方の転換が必要だと思います。

求められる社会変革とは

井上　このような事件を二度と起こさないために、この社会を変革する必要があるという点では皆さん一致していると思います。そのために必要なことはなんでしょうか。

藤井　この事件の検証がまったく終わっていないということから出発すべきです。前述した通り、国と神奈川県が検証報告書を出していますが、とくに国の報告書は不十分で、経過報告書と言ったほうがいいと思います。あらためて、専門家だけではなく障害当事者の代表なども加えた、本当の意味での検証体制を構築する必要があります。仮に十分な結論が出なくとも、背景要因、本質要因にぎりぎりまで肉薄する努力を惜しんではなりません。その先に、あるべき社会の仕組みや障害者政策の輪郭が見えてくるはずです。

なお、近未来を語る上で欠かせないのが、日本国憲法と並んで、すでに確立をみている国際規範です。二〇一四年に日本も批准を終えている障害者権利条約はその最たるものです。二五項目の前文と五〇カ条の本則はいずれも輝いています。いくつか例を挙げると、たとえば第八条の1には、「あらゆる活動分野における障害者に関する定型化された観念、偏見及び有害な慣行と戦うこと。」とあります。この「戦う」義務を誰が負うかといえば、この条約を批准した日本政府であり、私たち一人ひとりです。また、第一七条には「全ての障害者は、他の者との平等を基礎として、その心身がそのままの状態で尊重される権利を有する。」とあり、障害者が無理に社会の規格や基準に這い上がるのではなく、社会の側から障害者に近づくべきとしているのです。

意識と政策との関係についても一言触れておきます。結論から言うと、政策が先、意識は後ということです。

障害の重い人たちが地域の中で生き生きと暮らすことになればどうでしょう。障害のある人に対する市民社会の見方は変わるに違いありません。この国がいま求められているのは、意識変革の前に政策変革を図ることです。

白神　藤井さんがおっしゃった通り十分な検証が必要で、その中で、差別の温床として軍国主義や新自由主義といった個人を道具としてみる価値観が浮かび上がってくると思います。二度とこうした事件を起こさないために、個人の尊厳を否定する価値観や政治を、私たち主権者が拒否するということだと思います。

そのために、国連憲章や障害者権利条約に結実した基本的人権の意味を、教育の中でしっかり教える必要があると私も思います。軍国主義や国家主義がどのような悲惨な結果を生んだかと同時に、それに対する反省から、人類がどのような権利を勝ち取ってきたのか。立憲主義や個人の尊厳といった理念の歴史的意味をきちんと学ぶことですね。

さらに、自分自身の経験を通して思うところですが、若い人自身が、幼いころから自分自身を大事にされた体験を持つことが大事ではないでしょうか。いろんな個性を持つ人が混じりあい、違いを尊重しながら一緒に何かを成功させる体験が積めるような学校教育や地域の環境が、もっと実現してほしいと思います。

池上　優生思想の根源を考えるために、旧優生保護法の成立過程をみる必要があります。実を言えば、同法の提出の中心になったのは当時の社会党の女性議員たちでした。そして共産党も含めた全会一致で法案は成立しています。言い換えると、障害者差別に対する理解には、左右保革の差はなかったわけです。二〇一八年に、旧優生保護法に対する訴訟を受けて共産党は自己批判の談話を出しています。これは率直な反省で評価すべきだと思います。しかし、それが意味することは、差別や優生思想の克服は全国民的課題であって、誰かを非難すれば済む問題ではないということです。正しくないことは正しくないと明確に意思表示しつつ、われわれ自身が主権者として育つ過程の中で、お互い謙虚に、かつ率直に語りあっていく。そのときが来たのだと思っています。

井上　私自身さまざまな場で、「憲法を豊かに、人権を豊かに、そして社会保障をもっと豊かに」捉えようと提言しています。先ほどから話してきたように、この事件が起きた福祉の環境はあまりに貧しかったし、あるいは被告自身も貧しい人権環境の中で育ってきたのかもしれない。量的にも質的にも、私たちはもっと豊かな人権保障の水準を設定する必要がある。憲法二五条の「健康で文化的な最低限度の生活」を、もっと豊かに想像しなければならない。憲法前文の謳う平和的生存権とは、「恐怖と欠乏から免れ」自由に生きる権利です。戦争だけでなく、欠乏からの自由もセットなのですね。貧困や餓死が横行している社会では真の平和は達成できない。そのように、九条と二五条をセットで見る必要があります。

そして、人権の中身を問うためには「個人の尊厳」とは何かを考える必要があります。憲法学者の中にもさまざまな捉え方がありますが、私自身は、障害をもつ人の権利条約にもある通り「その人のあるがままを認める」ということだと思います。一人ひとりの違いを認めつつ、価値においては平等であると認める。加えて、私はそこに固有性、一人ひとりが唯一無二で取って代われない存在であるということを強調したい。先ほどから触れられている軍国主義や新自由主義の価値観では、個人は交換可能な兵力、労働力でしかない。そういう価値観と両立し得ないものとして、一人ひとりを唯一無二の存在として見る人間観があると思います。

人間の尊厳を具体化していく上で重要なのは、やはり自己決定の原

井上英夫

理です。ただし、強制された自己決定であってはならない。ハンセン病の場合にも、自分から療養所へ行った人もいるから強制ではないと言われますが、その人の置かれた社会環境の中で物理的・社会的・心理的、さまざまな要因によって行かざるをえない状況に追い込まれていた。それでは自己決定と言えません。そうならないためには、複数の選択肢があり、選択の自由が保障される必要がある。それが社会保障制度であって、そこではじめて自己決定が可能になるわけです。こういう理念は、障害のある人の権利条約の中にもしっかり原理・原則として掲げられているのですが、日本では十分に理解されているとは言いがたい。

「自立」という言葉も、現在の日本では自立・自助といった形で誤用されていますが、国際文書では Independent つまり「独立」と訳すべき概念です。福祉の世話にならないことが自立ではなく、十分なサービスのもとに、複数の選択肢から自己決定することによって Independent な生活が営める。こういう理解のもとに社会保障・社会福祉全体の水準を、人権保障にふさわしく質量ともに向上させていく必要があります。

そこでは、憲法二五条の「最低限度の生活」という表現はむしろ足かせになる。国際人権規約でも、障害をもつ人の権利条約でも、保障されるべきは「十分な」サービス、「他の者と平等の」生活とされていて、「最低限度」に類する言葉はありません。つまり、私たちが求める社会保障の水準はもっと高いものであっていいのです。

そして最後に強調したいのは九七条。「この憲法が日本国民に保障する基本的人権は、人類の多年にわたる自由獲得の努力の成果であつて、これらの権利は、過去幾多の試錬に堪へ、現在及び将来の国民に対し、侵すことのできない永久の権利として信託されたものである。」これは権利のための闘争を認めた条項です。

藤井　憲法九七条には歴史の時間軸が豊富に埋め込まれていますね。一編の詩を読んでいるような感じで、とてつもない深みを感じます。

井上　ええ。さらに、一二条では「この憲法が国民に保障する自由及び権利は、国民の不断の努力によつて、これを保持しなければならない。」つまり、権利のために国民はたたかう義務があると言っているわけですね。これを読むと身が震える思いがします。

藤井　権利獲得というのは運動と不可分です。残念ながら、いまの日本は労働運動をはじめとする市民運動が低調になっています。これ以上の人権の侵害や制限を許さないためにも、運動の立て直しや、新たな運動の創造が必要です。運動は、社会や地域を変えるだけではなく仲間をつなげてくれます。また、外部に働きかける以上は、自身もまた問われることになります。このように運動には総合的な力が備わっているのです。障害者施設にきちんとした労働組合が存在し、地域の権利運動の拠点をになうようになれば、職場の雰囲気も、職員一人ひとりの障害のある人に接する姿勢も変わるに違いありません。

白神　私が憲法についてお話しするときも、一三条の「個人の尊厳」とは一人ひとりがありのままで人間として大事にされることだ、とお話ししています。そして、これが憲法全体の目的規定、つまり他の条項はすべて手段で、ただひとつの目的はこれなんだと強調しています。それを実現する重要な土台が九条と二五条なんですよと。憲法を大切にし、その理念を実現していく運動を続けていきたいと思います。

井上　この不条理な事件を受けて、私たちには、植松氏という個人の優生的考え方とのたたかいとともに、それを生み出した日本社会を変革するたたかいも要請されていると感じます。今日はありがとうございました。

執筆者（執筆順）

柳田邦男（やなぎだ・くにお）　作家
尾野剛志（おの・たかし）　津久井やまゆり園利用者家族，前家族会会長
平野泰史（ひらの・やすし）　元津久井やまゆり園利用者家族
太田　顕（おおた・けん）　元津久井やまゆり園職員，「共に生きる社会を考える会」共同代表
入倉かおる（いりくら・かおる）　社会福祉法人かながわ共同会 津久井やまゆり園園長
井上従子（いのうえ・よりこ）　元神奈川県職員，社会福祉法人二葉保育園理事長，慶應義塾大学 SFC 研究所上席所員
石渡和実（いしわた・かずみ）　東洋英和女学院大学 人間科学部教授（障害者福祉論，人権論）
佐久間修（さくま・おさむ）　施設職員
宮城良平（みやしろ・りょうへい）　共同通信社 社会部記者
福島　智（ふくしま・さとし）　東京大学 先端科学技術研究センター教授（バリアフリー研究）
利光惠子（としみつ・けいこ）　立命館大学 生存学研究所客員研究員，優生手術に対する謝罪を求める会
香山リカ（かやま・りか）　精神科医，立教大学 現代心理学部教授（精神病理学）
鈴木　静（すずき・しずか）　愛媛大学 法文学部教授（社会保障法）
矢嶋里絵（やじま・りえ）　首都大学東京 人文社会学部教授（社会保障法，障害のある人の人権と法）
井口秀作（いぐち・しゅうさく）　愛媛大学 法文学部教授（憲法）
佐藤路子（さとう・みちこ）　旧優生保護法国家賠償請求訴訟原告家族
藤木和子（ふじき・かずこ）　全国優生保護法被害弁護団
林　力（はやし・ちから）　ハンセン病家族訴訟原告団長
徳田靖之（とくだ・やすゆき）　弁護士，ハンセン病家族訴訟弁護団共同代表
白神優理子（しらが・ゆりこ）　弁護士，「わかはち」顧問

編者

藤井克徳（ふじい・かつのり）
NPO 法人日本障害者協議会（JD）代表，きょうされん専務理事。著書に『わたしで最後にして――ナチスの障害者虐殺と優生思想』（合同出版，2018年），『えほん障害者権利条約』（汐文社，2015年）ほか。

池上洋通（いけがみ・ひろみち）
NPO 法人多摩住民自治研究所理事，日野市障害者関係団体連絡協議会監査。著書に『人間の顔をしたまちをどうつくるか』(自治体研究社，1998年)，共著に『市民立学校をつくる教育ガバナンス』(大月書店, 2005年),『生きたかった――相模原障害者殺傷事件が問いかけるもの』ほか。

石川 満（いしかわ・みつる）
NPO 法人多摩住民自治研究所理事，元日本福祉大学教授。著書に『障害者自立支援法と自治体のしょうがい者施策』（自治体研究社，2007年），編著に『介護保険の公的責任と自治体』（自治体研究社，2001年）。

井上英夫（いのうえ・ひでお）
金沢大学名誉教授，日本高齢期運動サポートセンター理事長。著書に『住み続ける権利――貧困，震災をこえて』(新日本出版社，2012年)，共著に『なぜ母親は娘を手にかけたのか――居住貧困と銚子市母子心中事件』（旬報社，2016年）ほか。

装幀　鈴木衛（東京図鑑）

いのちを選《えら》ばないで——やまゆり園事件《えんじけん》が問《と》う優生思想《ゆうせいしそう》と人権《じんけん》

2019年12月16日　第1刷発行

定価はカバーに
表示してあります

編　者　藤井克徳
　　　　池上洋通
　　　　石川　満
　　　　井上英夫

発行者　中川　進

〒113-0033　東京都文京区本郷 2-27-16

発行所　株式会社　大月書店

印刷　太平印刷社
製本　中永製本

電話（代表）03-3813-4651　FAX 03-3813-4656　振替00130-7-16387
http://www.otsukishoten.co.jp/

ISBN978-4-272-36092-5　C0036　Printed in Japan